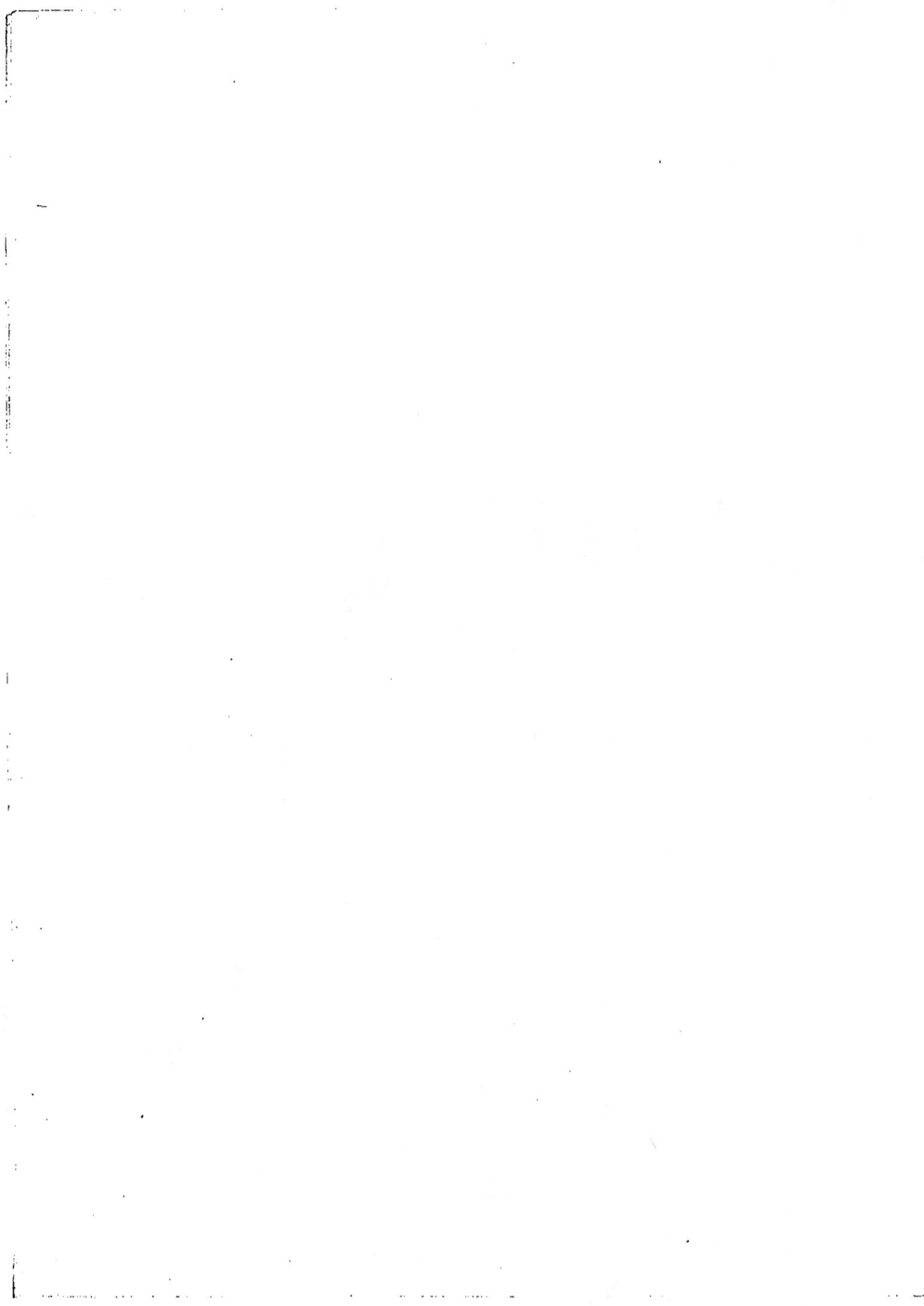

RAPPORT

Au nom de la Commission municipale des fortifications (1) *sur la* **désaffectation des fortifications de la ville de Paris,**

PRÉSENTÉ PAR

M. F. d'ANDIGNÉ

CONSEILLER MUNICIPAL

AVANT-PROPOS

MESSIEURS,

C'est en vain qu'on chercherait dans les *Rapports du Jury international de l'Exposition de* 1900 publiés sous la direction de l'éminent M. Alfred Picard, et qui embrassent toutes les connaissances humaines, en l'an 1900, une œuvre ayant un rapport quelconque avec le projet que nous allons avoir l'honneur d'exposer devant vous. Sans prétendre que ce projet soit, comme Minerve, sorti tout armé du cerveau d'un nouveau Jupiter, nous pouvons néanmoins affirmer qu'à cette époque personne ne songeait aux études qui nous occupent. La question des espaces libres n'existait pas, ou du moins, si elle était l'objet des pré-

---

(1) La Commission municipale des fortifications est composée de MM. Paul Brousse, *président;* Adolphe Chérioux, Gay, *vice-présidents,* Pierre Morel, *secrétaire;* d'Andigné, Dausset, Lvain, Lajarrige, Navarre, Paris, Ranvier, Arthur Rozier.

N° 93

occupations de quelques villes américaines, entre autres de Boston, personne n'avait jusqu'alors eu l'idée de réunir les documents nécessaires pour attirer l'attention des économistes sur ce problème dont les conséquences sont, on le comprend aujourd'hui, incalculables.

Ce n'est qu'à partir de 1901 qu'on commença à s'en occuper d'une façon suivie : actuellement ce problème a fait le tour du monde, et les municipalités qui l'ignoraient se montrent empressées à l'étudier. Récemment encore, à la suite d'un remarquable article de Mme Arvède Barine, paru dans le *Journal des Débats* du 5 septembre 1906 (1), la presse marseillaise (*Petit Marseillais*, 11 sept. — *Le Sémaphore*, 14 sept.) consacrait plusieurs colonnes au développement de ces idées, nouvelles pour elle, et en demandait l'application immédiate à la grande ville commerçante du midi de la France.

On avait bien songé déjà auparavant à créer des cités, en particulier des cités ouvrières avec logements à bon marché, mais ces créations émanaient de l'initiative individuelle ou de sociétés spéciales. En Angleterre des fabricants de savons, MM. Lever frères, avaient fondé Port-Sunlight, près de Birkenhead, sur le bord de la Mersey, et un fabricant de chocolat, M. Cadbury, un quaker, avait construit Bournville, paroisse de King's Norton, dans le comté de Worcester, au bord du canal du même nom. Mais c'étaient là des œuvres toutes personnelles et les hommes généreux, ou habiles, qui les avaient fondées leur avaient donné des constitutions différentes pour chacune d'elles.

Ces deux cités nouvelles sont en pleine prospérité, et nous avions pu voir leurs plans et leurs dispositions à l'Exposition universelle de 1900. Nous devons citer encore deux autres villes, l'une en Australie, Adelaide-City, et l'autre, Garden-City, à 35 milles de Londres, construites par des sociétés sur un programme plus vaste que les deux précédentes. On en verra le détail dans la brochure de M. Forestier, pages 9 et 10.

Nous avions vu également d'autres tentatives de moindre proportion, telles que les *Jardins ouvriers* de Mme Hervieu, de Sedan, mais toutes ces entreprises ne s'adressaient qu'à une classe spéciale, en général à celle des déshérités, en un mot à la classe ouvrière.

Mais voici que tout à coup la question s'élargit, le problème prend une envergure colossale : au lieu de s'adresser à quelques-uns, il s'adresse à tous : il embrasse toutes les agglomérations humaines, depuis les plus humbles jusqu'aux plus nombreuses et c'est surtout ces dernières qu'il vise. Aux premières il enseigne la prévoyance en leur démontrant comment parer aux éventualités

---

(1) *La ville rationnelle.*

de l'avenir ; aux secondes il apprend à rechercher le remède qui les guérira quand elles sont malades et elles sont malades quand elles ne peuvent plus respirer. Or, il faut guérir à tout prix et les sacrifices d'argent ne sont rien lorsque la santé en dépend.

Ainsi comprise, la question ne pouvait manquer de solliciter l'attention des économistes et ils furent bientôt forcés de s'incliner devant les faits.

La question des espaces libres s'impose ; elle est capitale ; c'est une question de vie ou de mort pour les grandes villes ; elle mérite donc qu'on s'y arrête plus qu'un instant.

Paris ne pouvait rester en arrière : ce n'est pas quand toutes les villes du monde « abattent des quartiers entiers, coûte que coûte, pour créer des réservoirs d'air, que Paris doit boucher les siens ».

Les hommes ont besoin de « respirer et de remuer comme ils ont besoin de manger et de dormir » (1).

Pouvions-nous rester indifférents devant les exemples que nous donnent les grandes cités du globe ?

Nous ne l'avons pas pensé : c'est la principale raison de notre travail.

_____

(1) Arvède Barine. *Journal des Débats.*

M. le Ministre des Finances. — Messieurs, je n'ai pas besoin de donner à M. Beauquier l'assurance que le Gouvernement ne laissera, pour reprendre ses expressions, ni mutiler, ni déshonorer la capitale de la France. Autant que l'honorable M. Beauquier, le Gouvernement est résolu à défendre les beautés, les perspectives et les arbres mêmes du bois de Boulogne.

(2ᵉ séance du 16 mars 1906.)

PREMIÈRE PARTIE

Les espaces libres.

Messieurs,

Nous avons l'honneur de présenter au Conseil municipal de la Ville de Paris un programme d'ensemble des améliorations à introduire dans l'économie des surfaces libres de Paris, dont nous croyons la réalisation possible et pratique.

Nous nous sommes efforcé de rendre ce programme aussi clair et aussi complet que possible, et nous avons jugé le moment opportun pour le soumettre à l'appréciation des membres de cette Assemblée.

Nous n'avons pas la prétention d'offrir un travail définitif; une pareille tâche serait au-dessus de nos forces. Nous venons simplement demander votre concours, Messieurs, pour l'accomplissement d'une œuvre dont vous avez été tous à même d'apprécier l'importance à la suite de la remarquable publication de M. Forestier.

Après avoir réuni toute une collection de documents spéciaux, après avoir consulté les auteurs les plus savants en la matière, après avoir recueilli les avis, tant des particuliers que des employés de l'Administration les plus capables de nous renseigner sur notre sujet, encouragé par l'opinion favorable d'un juge compétent, nous soumettons avec confiance ce rapport à votre appréciation, persuadé que nous rendons un réel service à la Ville que nous représentons et que nous arriverons à convaincre rapidement les hommes de bonne volonté qui voudront bien joindre leurs efforts aux nôtres pour obtenir un résultat pratique et un projet réalisable.

Partout, jusqu'ici, nous n'avons rencontré que des approbations pour la tâche entreprise, partout nous avons trouvé le meilleur accueil pour les idées nouvelles que nous émettions. Toute la presse, sans distinction d'opinion, est avec nous, et si quelques objections timides ont été présentées, elles provenaient de l'examen superficiel de certaines parties du problème qui n'avaient pas été suffisamment approfondies. Dans tous les cas, elles ne résultaient pas d'une opposition systématique, que nous n'avons rencontrée nulle part. Il s'agit donc, pour nous, de centraliser dans notre travail tous ces efforts, actuellement encore divisés, et qui, une fois groupés et réunis, parviendront à surmonter tous les obstacles; du moins, nous aimons à le croire.

Principales divisions de notre rapport.

I. Les espaces libres.

II. La désaffectation des fortifications, que nous divisons en quatre parties :

1° La boucle du Point-du-Jour ;

2° Le bois de Boulogne ;

3° Le palais des Sports ;

4° L'hôpital Beaujon.

III. L'historique des fortifications.

CHAPITRE PREMIER

Les espaces libres.

Nous nous abstiendrons de répéter ici ce que l'on pourra trouver dans les nombreuses publications qui ont déjà paru sur ce sujet, et nous nous efforcerons de rester concis, tout en donnant les renseignements nécessaires pour appuyer notre argumentation.

Nous renvoyons à la Bibliographie, placée à la fin de ce rapport, les personnes qui désireraient être mieux documentées sur la question.

Les espaces libres sont les *poumons* des villes ; ils sont aussi indispensables à la vie et à l'accroissement des villes que les poumons à l'être vivant. Si les poumons sont attaqués, l'être vivant *souffre* et *dépérit;* si les espaces libres ne sont pas développés proportionnellement à la superficie et à la population de la ville, celle-ci *souffre* et *dépérit* également.

Empruntons un exemple frappant cité par M. Forestier :

Leamington, ville d'eaux anglaise, fréquentée et prospère, se voit tout à coup abandonnée sans raison apparente : elle s'arrête brusquement dans son développement. Comment remédier à ce malaise ?

On s'occupait à ce moment de la question nouvelle des espaces libres. La ville de Leamington, avertie, consent un gros sacrifice ; elle dépense une somme très importante et « réalise un programme d'améliorations à l'aide de promenades, de parcs, d'avenues, etc. » Immédiatement, la prospérité renaît, le chiffre de la population se relève, les terrains augmentent de valeur, sept cents maisons nouvelles se construisent : Leamington peut respirer; ses poumons sont dégagés, la santé revient : Leamington est sauvée !

Comment exiger une preuve plus convaincante?

Mais, Messieurs, la question d'argent ne doit être pour nous qu'une considération secondaire en comparaison de la question plus haute d'hygiène, de moralité, de bien-être, de développement normal de la grande cité, en un mot, de sa vie. Nous n'avons pas le droit, croyons-nous, de nous opposer à des réformes nécessitées et imposées par l'état de choses actuel, et nous ne pouvons pas, nous ne devons pas rester indifférents en présence du grave problème qui se pose devant nous, problème heureusement résolu dans la plupart des grandes villes du monde, si nous ne voulons pas exposer Paris à conserver le dernier rang qu'il occupe aujourd'hui dans la voie du progrès matériel, si nous ne voulons pas assister, les bras croisés à l'arrêt du développement de cette « finished city » comme l'appellent les Américains, littéralement cette « ville achevée », si nous ne voulons pas être témoins de sa décadence. Tout arrêt, en ce cas, est fatal ; c'est le commencement de l'agonie. Nous faudra-t-il attendre la mort?

Nul n'est prophète en son pays! Aussi n'est-ce pas à des compatriotes que nous irons demander leur opinion. Non! Mais permettez-moi de vous rappeler que l'illustre Macaulay, un des esprits les mieux renseignés et les plus clairvoyants, en 1843, précisément au moment où l'on construisait les fortifications, déclarait que « la monarchie prussienne, le plus jeune des États européens, qui, par sa population aussi bien que par ses revenus, occupait le cinquième rang, occupait le second rang, après l'Angleterre, sous le rapport de l'instruction solide, du goût des arts et de la capacité pour tous les genres de science ».

Quelle serait donc l'opinion de l'Europe éclairée si nous manquions, aujourd'hui que nous sommes avertis, de saisir l'occasion, peut-être unique, qui s'offre à nous de conserver à Paris le rang lumineux qu'il occupe et qui lui est dû?

Jamais moment ne fut plus favorable; l'opinion publique est saisie; partout la question est discutée dans la presse. Les journaux quotidiens, les revues, les périodiques publient des cartes comparatives qui permettent au public d'apprécier l'étendue du mal.

Est-ce que nous n'avons pas vu se former un *Comité pour la conservation et la création des espaces libres* qui a immédiatement groupé toutes les personnalités scientifiques en vue, prêtes à partir en guerre et à livrer le bon combat?

Ce mouvement généralement provoqué par les remarquables travaux d'un architecte de talent, M. Hénard, manque encore, malgré les excellentes preuves apportées à l'appui de sa thèse, des éléments nouveaux que nous nous proposons de faire passer sous vos yeux. Nous voulons parler, entre autres, de l'enquête que nous avons ouverte dans les 275 grandes cités de l'univers comptant plus de 100.000 âmes, et, en particulier, dans les 32 villes de France qui réunissent plus de 50.000 habitants.

Nous avons conscience d'apporter devant vous des arguments irréfutables et nous ne craignons qu'une chose : que notre modeste talent ne soit pas à la hauteur de la tâche assumée. Mais pouvions-nous hésiter à remplir un devoir impérieux?

Paris.

Nous nous occuperons d'abord de Paris, nous réservant d'étudier plus tard les autres villes.

Nous pouvons affirmer, preuves en mains, que chaque fois que Paris a agrandi son enceinte, chaque fois il a perdu une énorme quantité d'espaces libres, de telle sorte qu'aujourd'hui il ne lui en reste plus assez pour respirer. Actuellement, Paris, avec sa superficie et sa population, a relativement beaucoup moins d'espaces libres à sa disposition qu'à aucune autre époque de son histoire. Cette situation ne peut durer : plus on attendra, plus le problème deviendra difficile à résoudre et une solution s'impose, plus pressante de jour en jour.

Heureusement pour nous, nous avons, par une chance inespérée, le moyen de sortir, sinon complètement d'embarras, du moins de remédier en grande partie à ce déplorable état de choses. Nous verrons, tout à l'heure, à indiquer quelques autres moyens que nous avons encore à notre disposition.

La désaffectation, partielle ou totale, peu importe pour l'instant, de l'enceinte fortifiée nous offre, à point nommé, le remède qui nous permettra de résoudre le problème. Cette solution, si elle n'est pas complète, sera, du moins, relativement satisfaisante. Il faudra donc, à notre avis, dans les parties désaffectées, conserver des terrains destinés à compléter, autant que possible, la quantité d'espaces libres qui manquent à Paris.

Et ne croyez pas, Messieurs, cette idée nouvelle. Nous ne faisons qu'imiter les exemples fournis par d'autres villes, par Vienne, avec sa « Ringstrasse », terrain des fortifications anciennes, et sa « Gürtelstrasse », emplacement du fossé des faubourgs ; par Francfort-sur-le-Mein, dont les fortifications sont remplacées par des promenades autour de la vieille ville (*anlage*-plantations) ; par la ville de Cologne et ses « Ring », et même par les villes d'Edimbourg et de Chester. Cette dernière cité n'a-t-elle pas, par respect pour son passé, conservé ses fortifications anciennes qu'elle a transformées en délicieuses promenades? Ajoutons Boulogne-sur-Mer, Copenhague, Soissons, etc.

Aucune de ces villes n'a eu à regretter ces transformations ; au contraire, nous apprenons, au dernier moment, que la ville de New-York désire acheter la portion de terre qui sépare Winchester de Manhattan-Island pour en faire un parc. Les pourparlers sont sur le point d'aboutir, mais New-York paye aujourd'hui son imprévoyance, la somme demandée s'élevant à 7 millions de dollars, autrement dit à 35 millions de francs. Comme on le voit, c'est un beau denier, mais ce détail n'arrête pas les Américains. *Go ahead!* En avant ! Ils savent bien qu'ils font une bonne affaire.

Comme on le voit, nous sommes décidé à nous opposer de toutes nos forces à de nouvelles constructions sur les espaces libres.

Il est évident qu'actuellement le propriétaire d'un terrain non bâti, à Paris, peut en disposer comme il lui plaît et y élever une maison ou le garder libre de toute construction. Aucune loi ne s'oppose à la libre disposition de son terrain : c'est son droit.

Eh bien, avons-nous le droit, nous, représentants de la Ville de Paris, d'agir de même? En droit? Évidemment, oui ! Mais ne l'oubliez pas, Messieurs, *summum jus, summa injuria*. En fait, je ne crains pas de dire positivement : Non ! Nous n'avons pas ce droit et je le prouve.

Nous n'avons pas le droit, actuellement, avec ce qui manque d'air respirable, à Paris, d'accorder l'autorisation de bâtir sur des espaces libres appartenant à la Ville, parce que, toute considération d'argent mise à part, c'est priver Paris de l'air qui lui fait défaut et que c'est causer un préjudice incalculable à la communauté dont nous devons défendre les intérêts matériels : c'est contraire à l'hygiène générale de la Ville, à sa prospérité, à son développement, bien plus, à sa moralité.

Si nous n'avons pas le droit, moralement, d'autoriser la construction de

2

nouveaux édifices sur les terrains de la Ville, dans Paris, nous devons, en revanche, rechercher le moyen d'accroître le nombre des espaces libres. Regardons autour de nous.

Est-ce que, dans Garden-City, située à 35 milles de Londres, les prescriptions relatives aux constructions ne sont pas rigoureuses ? Nous n'oublions pas que cette ville, fondée d'après les théories modernes sur les espaces libres, est en même temps une affaire financière.

Écoutons Forestier : « En un certain rayon autour de la ville il est interdit de bâtir ; dans l'intérieur même de la ville, on impose une limitation de la surface à construire sur un terrain donné. »

En présence des difficultés que nous rencontrons aujourd'hui dans l'exécution des améliorations à introduire dans notre Ville, qui donc oserait protester contre d'aussi sages précautions ?

Elles sont pour l'instant inapplicables ces mesures, nous le concédons, mais le seront-elles toujours ? Personne ne saurait l'affirmer.

Vous avez bien établi des refuges dans vos rues et dans vos places publiques pour empêcher les gens d'être écrasés et vous hésiteriez à créer des refuges pour empêcher les habitants d'être étouffés par le manque d'air respirable ! « Là, plus de boutiques, plus de réclames, plus de tramways, plus d'omnibus, plus de voitures, plus d'autos, mais des arbres, des pelouses, des jeux, des fleurs et de l'eau (1) », bref, tout ce qui manque à ces déshérités, jeunes ou vieux, pour leur permettre, suivant le mot si juste, de « prendre l'air » !

Mais « prendre l'air » ! c'est là tout ce que nous demandons.

Qu'on ne vienne pas nous parler des bois de Boulogne et de Vincennes ! Évidemment, ces deux grands réservoirs d'air sont d'une nécessité absolue, indiscutable, c'est entendu !

Mais c'est là la promenade hebdomadaire ; c'est tout à fait insuffisant. Ce que nous demandons, ce sont des espaces libres dans l'intérieur de Paris, dans les quartiers populeux qui sont précisément les quartiers les plus privés d'espaces libres.

Rappelez-vous ce que dit Forestier, page 18 : « La préoccupation municipale doit être de distribuer largement les jardins de quartier et de les mettre à la portée de tous. Si chaque famille doit pouvoir trouver à moins de 1.000 mètres des terrains de récréations d'enfants, les champs de jeux ne doivent pas exiger un déplacement de plus de 1.500 à 2.000 mètres. »

---

(1) Forestier, *loc. cit.*, p 17.

Et plus loin, page 28 : « A Boston, en 1901, chaque terrain de jeu est à moins de 800 mètres de distance du logis de l'enfant, et les jeunes gens sont à moins de 1.600 mètres des grands terrains de jeux. » Et Boston n'avait que 560.892 habitants en 1904. C'est l'idéal, et nous n'en sommes pas encore là !

On saisit néanmoins combien nous sommes loin de ces « préaux d'écoles exigus, non librement ouverts », la plupart du temps infectés par des latrines mal entretenues, — oh ! pas partout, heureusement ! — mais qui ressemblent plus à des cours de prison qu'à des endroits de récréation.

Y a-t-il donc plus de différence entre les améliorations que nous proposons et l'état actuel qu'entre les diligences et les chemins de fer ou les automobiles ? Qui donc, parmi vous, Messieurs, préférerait les diligences ?

Il ne serait pas difficile, pas impossible, avec un peu de bonne volonté et sans beaucoup de capitaux, d'obtenir encore de magnifiques résultats, et le moyen est bien simple.

La ville de Paris est riche, très riche en terrains non bâtis et à vendre. La liste en existe : elle est communiquée à tous les intéressés, nous entendons aux capitalistes décidés à faire bâtir. Mais les conditions imposées aux constructeurs de logements ouvriers à bon marché sont tellement léonines que les acheteurs ne se présentent pas en foule. La Ville, hypnotisée par le beau mot de la devise qui flamboie sur la façade de ses bâtiments, a cru que le mot « fraternité » opérerait des miracles et qu'un propriétaire pourrait loger dans le même immeuble des bourgeois, des rentiers et..... des ouvriers ! Erreur profonde ! Résultat : personne ne s'est présenté et la Ville garde ses terrains : heureusement pour nous !

Ces terrains, d'un prix variant de 15 francs à 80 francs le mètre, se trouvent semés dans Paris un peu partout, mais surtout précisément et naturellement dans les quartiers excentriques où ils sont tout indiqués comme emplacements de jeux, quand ils sont d'une étendue suffisante (1). Nous en avons relevé de

---

(1) Pour n'en citer que quelques-uns :

Arrondissement	Emplacement	Superficie
13e	Rues du Château-des-Rentiers, 49, et Nationale............................	2.810 mètres.
	Terrains à 15 francs le mètre.	
13e	Rues de la Fontaine-à-Mulard, Charles-Fourier et des Peupliers...............	7.967m,20
	Terrains à 25 francs le mètre.	
13e	Rues Baudricourt et Nationale....................	1.967 mètres.
13e	Rues du Château-des-Rentiers et Nationale....................	1.380 —
15e	Avenue Félix-Faure et rue de Lourmel....................	4.415 —

plus de 5.000 mètres de superficie. Jamais la Ville ne retrouvera l'occasion de se procurer des emplacements de jeux à plus bas prix. Ce serait une très bonne affaire, nous pouvons l'affirmer.

Et qu'on ne vienne pas nous dire que les jeunes gens, les jeunes filles ne fréquenteraient pas ces terrains de jeux, où les sexes seraient isolés, bien entendu.

Qu'on ne soutienne pas que les dimanches et les jours de fête on ne trouverait pas de joueurs, de joueuses de crocket, de tennis, de football, etc.

Si la jeunesse de notre ville ne joue pas, c'est qu'elle n'a pas de terrain pour jouer ; si elle ne joue pas au crocket, au tennis, c'est qu'un jeu de crocket, de tennis est trop coûteux quand on est obligé d'en faire seul tous les frais ; si elle ne joue pas à tel ou tel jeu, c'est encore qu'il faut aller trop loin pour trouver un emplacement. Tout le monde ne peut pas pourtant se rendre à Puteaux, où cependant il y a foule !

Fournissez les emplacements, même les jeux, car, en somme, ce ne sera pas une grosse dépense, et nous garantissons le succès.

Si nous voulons que nos enfants soient souples et habiles dans le maniement des armes, que ne leur donnons-nous la force nécessaire pour pouvoir facilement les porter et s'en mieux servir ?

Nous ne disons pas que parmi les jeunes gens nous ne rencontrerons pas, en commençant, une certaine opposition, mais l'hostilité, l'indifférence, la routine disparaîtront rapidement.

En somme, à notre avis, nous ne rencontrerons qu'un seul ennemi : *le zinc.*

Terrains à 40 francs le mètre.

19ᵉ   Rue de la Solidarité, nᵒˢ 5, 3, 4, 6, 8, 10, 12, 14, 16, terrains de 263 à 457ᵐ,50.

     Total... 3.355ᵐ,65

13ᵉ   Rues de la Glacière et de Tolbiac, 6 lots donnant un total de................. 3.800ᵘ,65

Terrains à 60 francs le mètre.

19ᵉ   Rue Bolivar, 82... 2.354 mètres.

Rapport de M. J. Poiry, du 20 décembre 1904, nᵒ 127 (Conseil municipal de Paris).

Dans Paris, les arrondissements qui n'ont pas d'espaces libres sont les suivants, selon nous :

2ᵉ La Bourse.	15ᵉ Vaugirard.
10ᵉ Saint-Laurent.	18ᵉ Montmartre.
11ᵉ Popincourt.	19ᵉ Buttes-Chaumont (à part le parc)
12ᵉ Reuilly.	20ᵉ Ménilmontant.

Ceux qui en ont le plus, sont :

1ᵉʳ Louvre.	8ᵉ Élysée.
5ᵉ Panthéon.	14ᵉ Observatoire.
6ᵉ Luxembourg.	16ᵉ Passy.
7ᵉ Palais-Bourbon.	18ᵉ Batignolles.

Celui qui a le moins d'espace libre est le 2ᵉ arrondissement et celui qui en a le plus est le 16ᵉ.

En Angleterre, en Amérique, en Allemagne, etc. on boit peut-être autant que chez nous, mais il n'existe pas de *zinc*.

Il ne suffit pas de partir en guerre contre l'alcoolisme, d'une façon intermittente, pour croire qu'on a tout fait pour abattre l'ennemi, ou pour arriver à obtenir des circonstances atténuantes pour tous ces crimes qui se commettent journellement, grâce à notre indifférence, pour ne pas dire à notre complicité.

Nous laisserons aux clients du *zinc* la manille et le manillon.

Nous savons, par expérience, que les moyens de communication amènent le trafic, un trafic intense, dans la plupart des cas où ils sont établis : c'est affaire de temps. On est quelquefois étrangement surpris de faire naître un mouvement d'affaires entre des localités qu'on croyait incapables de fournir un nombre aussi considérable de voyageurs.

Eh bien, établissez des terrains de jeux dans les quartiers les plus denses comme population et vous serez tout étonnés de voir le développement que prendront les jeux dans ces milieux spéciaux et favorables au bout de très peu de temps.

Comment! Londres aurait plus de 500 terrains de jeux pour lesquels on délivre près de 25.000 permis de match, rien que pour le cricket et le football; il aurait plus de 60.000 parties de tennis annuelles, 600 parties de boules, 500 parties de quilles, etc., et Paris ne fournirait pas de clients aux terrains de jeux?

Est-ce que la jeunesse n'est pas la même dans tous les pays? Est-ce que les jeux de la jeunesse ne sont pas toujours les mêmes, sous d'autres noms, depuis les Grecs et les Romains?

Il se produit, actuellement, une révolution dans les jeux, et jamais moment ne fut plus favorable à leur développement. Profitons-en. Remarquez que ces emplacements ne seraient pas perdus, en admettant qu'ils ne fussent pas fréquentés. On aurait toujours la ressource de les transformer en ces jolis jardins où les pauvres petits enfants ne doivent pas marcher sur les gazons, mais respirer la poussière des allées.

Nous savons bien que tous les jardins ne peuvent pas disparaître pour faire place aux terrains de jeux, mais tous les jardins ne devraient pas être uniquement des jardins d'ornement. Rien n'empêcherait de décorer certaines parties des terrains de jeux avec des plates-bandes fleuries, pour lesquelles les jardiniers de la Ville sont passés maîtres, et pourquoi ne pas essayer, en revanche, dans nos parcs, de créer des terrains de jeux qui donneraient encore plus d'animation à certains coins sans nuire à l'ensemble?

Mais, outre les terrains appartenant à la Ville, nous relevons encore, sur le plan de Paris, des terrains libres, d'une certaine étendue, appartenant soit à des Compagnies (Compagnie des omnibus, qui consentirait à les vendre, Compagnies de voitures, etc.), soit à des dépôts de pavés de la Ville, etc., etc.

Est-ce que ces différents terrains ne pourraient pas être achetés dans de bonnes conditions, ou même quelquefois échangés par la Ville avec les Compagnies?

Un dépôt de pavés peut sans grand inconvénient, à notre avis, être déplacé : ce n'est pas que cela soit sale, mais ça tient de la place!... et ce dépôt pourrait facilement être installé en dehors de l'enceinte des fortifications.

Nous sommes persuadé que tel terrain, parfaitement situé pour être utilisé comme terrain de jeux, mais assez éloigné des voies de communication, pourrait être échangé avec d'autres terrains auxquels le voisinage du Métropolitain vient de donner une plus-value, notamment à Grenelle. La question vaut d'être étudiée, et, quand on ne parviendrait à acquérir ainsi qu'une douzaine de terrains de jeux, pareil résultat serait à considérer.

Ceux de nos collègues plus directement intéressés que nous n'auront pas de peine à trouver ce qu'on peut faire dans cet ordre d'idées, car nous visons surtout, ne l'oubliez pas, Messieurs, les quartiers ouvriers.

Créons donc d'abord des terrains de jeux de 2.000 ou 3.000 mètres, au moins partout où nous le pourrons.

Si nous arrivons à avoir des terrains de 1 ou 2 hectares, tant mieux!

L'argent ainsi dépensé constituera pour l'avenir un acte de haute prévoyance (1).

Comme le dit si bien M. Forestier, « les acquisitions peuvent être faites à l'aide d'emprunts à longs termes »; la Ville est toujours sûre de rentrer dans ses fonds. Dans tous les cas, elle crée de petits centres commerciaux et donne aux propriétés voisines une plus-value.

Ces terrains, nous nous empressons de le faire remarquer, ne demanderaient pas une surveillance bien active : quelques femmes pour les petits enfants et les jeunes filles, quelques vieux braves pour les garçons.

Et nous ne croyons pas nous tromper en prédisant qu'on verrait bientôt se former des associations privées, des comités locaux qui provoqueraient des

---

(1) Que dit la loi de concession du bois de Boulogne à la Ville? Nous lisons dans l'exposé des motifs, du 9 juin 1852 : « Tâchons de ménager aux quartiers qui ne tarderont pas à s'ajouter à la ville actuelle un peu de cet air et de cet espace que l'imprévoyance de nos pères nous force à racheter aujourd'hui à si grands frais dans l'enceinte de nos vieilles cités. »

souscriptions particulières et créeraient des prix destinés à intéresser les joueurs et à retenir les jeunes gens dans leur quartier.

Ne pensez-vous pas, Messieurs, que nos terrains de jeux, nombreux et multipliés surtout dans les quartiers populeux, où les enfants n'ont souvent que les rues dangereuses pour jouer, seraient rapidement fréquentés par plus de cent mille enfants. Là, ils pourraient se livrer à des parties de barres, de balles ou de ballons, sans s'exposer à être écrasés par les automobiles trop rapides ou par ces lourds camions qui n'ont fait que trop de victimes, dont quelques-unes, hélas! illustres, sont encore dans toutes les mémoires.

Là, les mères de famille pourraient, en toute confiance, laisser jouer leurs petits enfants sous la surveillance d'une gardienne ; ils y trouveraient un tas de sable placé dans une boîte où les enfants viendraient le prendre *et où ils ne pourraient le remettre, afin qu'il reste sans souillure.* Ce sable serait souvent renouvelé. Ils ne seraient donc pas exposés, comme ils le sont actuellement, dans tous nos squares, à se servir de sable de rivière trop facilement contaminé particulièrement dans les parties à l'ombre et pendant la saison froide et humide par les germes de fièvre typhoïde ou de tuberculose.

L'enfant, en général, ne peut vivre isolé, mais encore faut-il, malgré tous les dangers qu'il court de contracter des maladies contagieuses en fréquentant les autres enfants, faire tous nos efforts pour diminuer autant que faire se pourra, toutes les chances de contagion.

Cette *petite* remarque est de *grande* importance. Aujourd'hui, contrairement au brocard romain : *De minimis non curat prætor*, le préteur doit s'occuper des plus petites choses.

Ce qu'il faut aux enfants, — et ce ne sont pas les pédagogues qui nous l'enseignent, mais les hygiénistes — c'est le grand air, la lumière et le *soleil.*

« Le soleil est un antiseptique excellent et économique ; la plupart des germes de maladie s'atténuent rapidement et meurent par une exposition prolongée au soleil, tandis qu'ils se conservent et se multiplient où le soleil n'entre pas. »

Les rues étroites et forcément pleines d'ombre empoisonnent un air pollué et stagnant, malgré le vent.

Il est vivement à désirer que les jeux en plein air pour les enfants et les adultes entrent dans nos mœurs.

Les arbres de nos avenues, par suite de l'insuffisance de largeur, empêchent l'ensoleillement et l'aération des maisons qu'ils maintiennent dans un état constant d'humidité ; ils rendent insalubres des maisons qui, sans eux, seraient saines et le jour où l'on se préoccupera de salubrité, on les diminuera.

L'habitude déplorable de s'entasser les uns sur les autres est un fruit de la routine. C'était bon au moyen âge où l'on cherchait ainsi à faciliter la défense et à augmenter la sécurité, et où l'on ne possédait pas les moyens de transport et de communication dont nous disposons.

L'agglomération de nos maisons à cinq étages est un anachronisme, et la transformation que devait amener la rapidité de nos moyens de transport dans nos habitudes n'a pas encore fait son évolution complète. La nécessité nous force aujourd'hui à saisir l'importance de cette lutte contre la routine sous peine de sacrifier notre santé et notre vie (1).

Nous ne prétendons pas étonner le monde par nos réformes et nous ne croyons pas avoir inventé quoi que ce soit de neuf ; nous nous contentons d'imiter ce qu'il y a de bon chez nos voisins.

Ce que nous demandons, c'est le *mens sana in corpore sano* de l'adage. Est-ce donc trop exiger ?

Les tableaux comparatifs des principales villes de France et du monde, que nous publions dans les annexes de ce rapport, justifient amplement nos réclamations.

Lisez-les attentivement, ces chiffres officiels que nous fournissent nos agents diplomatiques et consulaires et les maires de nos grandes villes que nous ne saurions trop remercier ici de leur empressement et de leur complaisance. Nous savons, comme le font remarquer quelques-uns d'entre eux, que ces documents n'ont pu être obtenus « qu'avec les plus grandes difficultés » et que même certains « n'avaient jamais été publiés ». Que tous ces bons serviteurs de la France, de Paris et de notre cause reçoivent ici l'expression de notre profonde reconnaissance. Au nom du Conseil municipal de Paris, merci !

Mais ce que nous n'admettons pas, c'est l'inexplicable indifférence, la coupable inertie de certains magistrats municipaux. N'a-t-on pas vu le maire d'une de nos villes industrielles les plus populeuses écrire à son préfet que la loi du 30 novembre 1894, sur les habitations à bon marché, ne s'appliquait pas à sa commune et qu'il ne ferait pas l'enquête prescrite ! (2).

Est-ce que le maire d'une de nos plus belles villes du centre, de 60.000 ha-

---

(1) *Revue scientifique*, 20 février 1892, Stéphane Leduc : *Les conditions sanitaires en France*, cité dans le Rapport Brousse, p. 22.

(2) Rapport du Conseil supérieur des habitations à bon marché, 1896, p. 14.

bitants, ne nous écrit pas que « son administration ne possède pas actuellement les renseignements demandés » !

Heureusement pour nous, ce maire est une exception. Faut-il dire unique ? Hélas, non ! puisqu'ils sont nombreux les maires qui n'ont pas daigné nous répondre !

Les espaces libres dans le vieux Paris.

Nous avons dit plus haut que jamais Paris n'avait joui de moins d'espaces libres qu'aujourd'hui et nous avons pensé au Paris de Philippe-Auguste.

Au premier abord il peut paraître étrange de nous voir avancer une semblable affirmation, et cependant rien n'est plus simple que d'en fournir la preuve.

Nous connaissons exactement l'enceinte de Philippe-Auguste et nous savons la longueur de son développement (1).

La superficie du terrain compris dans l'enceinte de Philippe-Auguste (1190-1211) mesurait exactement 739 arpents 61 perches 1 toise carrés ou 252 hectares 87 ares, autrement dit 2.528.700 mètres carrés.

La longueur de la muraille de l'enceinte était de 2.225 mètres sur la rive gauche et de 2.775 mètres sur la rive droite, ou, en tout, de 5.000 mètres, en ne comptant ni l'île Notre-Dame (aujourd'hui Saint-Louis) ni la Seine.

Quant à la population, elle était approximativement de 15.000 âmes.

Nous savons que ces chiffres exciteront quelque surprise parmi les historiens de Paris ; aussi allons-nous les expliquer (2).

Si la superficie de l'enceinte et la longueur des murailles nous sont données par les vestiges qu'ont pu relever des érudits comme François Bonnardot et la Commission du vieux Paris, pour la population c'est une tout autre affaire.

Paris est une ville merveilleuse, Messieurs, en ce sens qu'on y trouve tout, tout — même des espaces libres — quand on sait où les découvrir : il ne faut que de la patience et du flair.

Après avoir cherché très longtemps, — renseigné par un des meilleurs employés de notre Administration municipale, — nous avons fini par rencontrer un savant spécialiste, très au courant de l'histoire de Paris précisément à l'é-

---

(1) On enferma (rive droite) les bourgs anciens et nouveaux de Saint-Germain-l'Auxerrois, une partie du Bourg-l'Abbé (Saint-Martin-des-Champs), le Beau-Bourg, le bourg Thiboust, le bourg Saint-Éloi, le bourg Sainte-Geneviève et (rive gauche) le bourg Saint-Germain-des-Prés. (Delamarre, I, 155.)

(2) Les calculs de Dureau de La Malle et de Géraud n'ont aujourd'hui aucune valeur, parce que ces auteurs ne se sont pas aperçus des conséquences impossibles de leurs évaluations exagérées.

3

poque qui nous intéresse et qui a gracieusement mis ses connaissances à notre disposition. C'est lui qui connaît le mieux l'histoire de Paris sous Philippe-Auguste et Philippe le Bel, qu'il étudie depuis trente ans.

D'après lui, et tout le monde peut le vérifier, la population de Paris, du temps de Philippe le Bel, s'élevait à 60.000 âmes (1). Le chiffre de 215.861 habitants donné par Géraud est absolument inadmissible, et en voici les raisons. En admettant ce chiffre, chaque habitant n'aurait eu à sa disposition que 8 mètres carrés d'espace libre, ce qui est absurde, ou 11 mètres 70 dans toute l'enceinte, ce qui est encore plus absurde : il aurait eu presque moins de terrain qu'aujourd'hui. Et cependant, jusqu'à ce jour, *tout le monde*, sans en excepter Belgrand, se sert des chiffres de Géraud...

C'est en comparant les *Livres de tailles* de 1293, 1296, 1297, 1298, 1299 et 1300 conservés aux Archives nationales que notre auteur a pu faire son estimation, au moyen de simples additions.

N'est-il pas arrivé à nous donner le nombre probable de maisons en 1293 : 11.847 maisons et 77 masures ?

Or, si la population de Paris sous Philippe le Bel, qui ne compte que 6 fossoyeurs, s'élève à 60.000, notre auteur soutient qu'elle avait quadruplé depuis un siècle, depuis Philippe-Auguste, et voici pourquoi et comment :

Il connaît la date de l'ouverture de presque toutes les rues. Ainsi, pour n'en citer que quelques-unes, sur la rive gauche, le percement de la rue Poupée date de 1200, de la rue du Chemin-de-Seine, rue Gilles-le-Queux, de 1215; la rue des Boucleries, de 1235; la rue Pavée, de 1245; la rue du Paon, de 1246; la rue de la Serpente, de 1247; la rue des Étuves, de 1252; la rue Pierre-Sarrazin, de 1255; la rue de l'Éperon, de 1257; la rue des Augustins, de 1262; la rue Percée, de 1284; l'abreuvoir du comte de Mâcon, de 1272; la rue du Battoir, de 1292; la rue du Jardinet, de 1299, etc. En voilà suffisamment, je crois, pour nous édifier.

Or, il est possible — il est même certain — qu'on n'a songé à donner des noms aux rues qu'alors qu'il y avait des maisons dans ces rues et qu'auparavant il n'y en avait pas. Pas de maisons, pas de rues! Donc, en faisant abstrac-

---

(1) Exactement 59.688, et encore le nombre de 4 personnes par feu est-il exagéré en 1293, où l'on compte :

Rive gauche.....	10.698 feux.
Cité.............	1.200 —
Rive droite	2.145 —
Total.......	11.043 feux.

Et dans ce total sont comprises des personnes en dehors de l'enceinte. Nous sommes donc *au-dessus de la vérité*.

tion de toutes les rues qui n'existaient pas du temps de Philippe-Auguste, on arrive à ce chiffre de 15.000 habitants au maximum. Pour qui prendra la peine d'étudier les documents des Archives nationales ce résultat n'a rien de surprenant.

Paris s'est agrandi, aussitôt fortifié, d'une façon excessivement rapide, d'abord dans l'enceinte et ensuite extérieurement. On peut suivre ce développement sous Louis VIII, sous Louis IX, sous Philippe le Hardi, sous Philippe le Bel, Louis le Hutin et Philippe de Valois, jusqu'au moment de la *guerre de cent ans*, c'est-à-dire pendant près de deux siècles.

Quant aux espaces libres, le calcul est plus simple ou, du moins, aussi facile.

C'est un fait authentique qu'à la fin du XI° siècle le faubourg méridional de Paris était à peine habité. On ne saurait citer l'indication d'une seule de ses rues avant 1190. Le quartier ne renfermait que des champs et des vignes.

Avant la fin du XII° siècle les clos de la rive gauche n'étaient pas bâtis, et ce n'est qu'en 1179 que Hugues, abbé de Saint-Germain-des-Prés, aliénait la plus grande partie du clos de Laas pour y bâtir des maisons.

C'est Berty qui nous fournit tous ces renseignements.

Or, nous connaissons non seulement les noms des clos de Paris sous Louis VII et sous Philippe-Auguste, mais encore leur superficie.

En voici une liste, qui n'est même probablement pas complète, sur la rive gauche :

Le clos de Laas s'étendait de la rue de la Huchette jusqu'à la porte de Nesle et enfermait les rues Serpente, Poupée, Saint-André, le cimetière Saint-André, le terrain où s'élevait un peu plus tard le couvent des Augustins, l'ancien oratoire de Saint-Andéol, construit au milieu des vignes.

Le clos Mauvoisin longeait le petit bras de la Seine et n'était pas encore bâti en 1202 ; en 1321 il existait encore le long de la rue de la Bucherie.

Le clos de Garlande était contigu au clos Mauvoisin et fut traversé par la rue Galande. Il tenait d'un côté à la rue Saint-Jacques, de l'autre aux rues du Fouarre, des Rats, des Anglais, du Plastre, des **Trois-Portes**. Dès 1202 on y bâtissait, et en 1248, sous Saint-Louis, il était habité, mais il existait encore en partie en 1312.

Le clos Bruneau comprenait les rues des Noyers, des Carmes, devant Saint-Hilaire et la rue Saint-Jean-de-Beauvais. En 1202 il renfermait des vignes et se couvrit de maisons en même temps que le précédent.

Le clos de l'Évêque, contigu au clos Garlande, tenait en 1177 aux terrains de l'hôpital de Saint-Jean-de-Jérusalem et était encore en clos en 1230.

Le clos Saint-Symphorien, entre les rues de Reims, des Chollets, Saint-Étienne-des-Grès et des Sept-Voies, recevait des maisons en 1209.

Le clos Saint-Étienne était contigu à celui de Saint-Symphorien et touchait presque l'enceinte de Philippe-Auguste.

Le clos des Jacobins, formé en 1218-1280, était un obstacle au peuplement (1).

Il ressort de cette énumération que, sitôt que la ville fut entourée par une muraille, on vit s'élever des maisons dans l'intérieur comme par enchantement (1202).

Si maintenant nous examinons la rive droite, nous rencontrons :

Les Champeaux ou Petits-Champs (les Halles) ;

Les marais de Sainte-Opportune.

Et les nombreuses *cultures* ou champs arrachés aux marais depuis fort peu de temps :

Culture l'Évêque, la plus importante, naturellement ;

Culture Saint-Gervais ;

Culture Saint-Magloire ;

Culture Saint-Merri (enclos),

et d'autres encore, toutes renfermées dans l'enceinte.

Or, en mesurant approximativement la superficie de tous ces clos, de toutes ces cultures (y compris la Seine) (2) nous trouvons que la surface des espaces libres dépassait de beaucoup celle des espaces bâtis, dans la proportion de 2,52 plus du double, et nous sommes au-dessous de la vérité.

Sur 2,528,700 mètres carrés on comptait 1,811,700 mètres carrés d'espaces libres, contre 717,000 mètres carrés d'espaces bâtis.

---

(1) On commença à bâtir dans les champs du Chardonnet en 1243 ;
Dans la terre de Laas en 1263 ;
Dans la culture Saint-Paul en 1269 ;
Dans la culture Saint-Honoré en 1281 ;
Dans la culture Saint-Martin en 1252 ;
Dans la culture Saint-Étienne-des-Grès en 1295 ;
Dans le clos Sainte-Geneviève en 1355.

(DELAMARRE.)

(2) La Seine occupe actuellement 220 hectares entre parapets ; à cette époque elle en occupait beaucoup plus étant plus large, mais nous ne devons la compter que depuis la tour de Billy jusqu'à la tour du Bois, c'est-à-dire depuis la rue Saint-Paul jusqu'au Louvre, autrement dit depuis les endroits où les murailles de Philippe-Auguste rencontraient le fleuve.

Paris sous Louis XIV.

Sans nous arrêter au Paris de Charles V et de Charles VI, franchissons cinq siècles et arrivons au Paris de Louis XIV, en 1713.

« Depuis 1715, dit Le Clerc du Tillet dans *Delamarre* (t. IV, Paris, 1738), nous avons vu couvrir d'édifices les places qui étaient restées vides dans l'intérieur de la ville sous le précédent gouvernement. »

En nous servant de la carte de Jaillot (1713) pour calculer les nombreux jardins et les terrains appartenant soit à des particuliers, soit à des communautés religieuses, soit à la voirie et aux promenades publiques, nous obtenons les chiffres suivants :

	h.	a.	c.
Superficie totale de Paris..........................	1.103	70	00
Espaces libres................................	423	90	98
Voirie	312	51	42
Total..........	736	42	40

soit plus des 2/3 d'espaces libres.

Paris en 1906.

		h.	a.	c.
Actuellement, 1906, Paris couvre une superficie de		7.802	00	60
Espaces bâtis		2.630	38	09
Espaces libres..	Jardins..........................	900	96	96
	Cours et terrains................	2.082	98	90
	Voie publique, Seine...............	2.187	59	96
Soit, espaces libres :		5.171	55	82

un peu moins des 2/3 (1).

On voit donc que la proportion entre la superficie des espaces libres et la superficie totale de la Ville a toujours été en diminuant.

On est amené forcément à remarquer que la différence entre le Paris de

_____

(1) Fontaine. *Livre foncier de Paris*, 1902.

Louis XIV et le Paris actuel est beaucoup plus considérable que ne l'indiquent mathématiquement les chiffres.

Ne savons-nous pas, en effet, que le Paris actuel est 7 fois plus étendu comme surface que celui de Louis XIV et que si celui de Louis XIV comptait 492.600 habitants, celui de 1906 en compte 3 millions environ *intra muros*, c'est-à-dire 6 fois plus. Or, quand même la proportion des espaces libres serait la même — et elle ne l'est pas — on saisit immédiatement que cette quantité serait encore beaucoup trop insuffisante pour une population 6 fois plus nombreuse et une superficie 7 fois plus grande. Une pareille agglomération d'êtres humains dans un espace proportionnellement égal, à un septième près, est forcément privée de l'air indispensable à sa consommation.

Des espaces libres par rapport à la population.

En comparant la superficie des espaces libres avec le chiffre de la population nous trouvons :

Sous Philippe-Auguste :

Superficie : 1.811.700 mètres carrés d'espaces libres pour 15.000 habitants, soit 1.200 m. q. pour chaque habitant.

Sous Louis XIV :

Superficie : 7.364.240 mètres carrés d'espaces libres pour 492.600 habi-habitants, soit 15 m. q. pour chaque habitant.

En 1906 :

Superficie : 51.715.582 mètres carrés d'espaces libres pour 3.600.000 habitants, soit 14 m. q. 36 pour chaque habitant (1).

N'avions-nous pas raison de prétendre que plus Paris s'est agrandi, moins les habitants ont eu d'espaces libres à leur disposition ?

Nous croyons inutile de faire remarquer que notre Paris actuel est trente fois plus grand que celui de Philippe-Auguste et sept fois plus étendu que celui de Louis XIV.

Cette énorme différence dans l'agglomération humaine a une importance considérable. Comme le dit fort justement J.-J. Rousseau dans le 1er livre d'*Émile* : « Les hommes ne sont pas faits pour être entassés en fourmilière... L'homme

---

(1) Nous comptons comme espaces libres, ici, les cours, les jardins privés, la voirie, la Seine, les places, promenades, etc. On verra plus loin qu'il faut en rabattre. A Paris, actuellement, chaque habitant a à peine 0,095 m/m. d'espace libre. Cf. Page 35, note 2.

est, de tous les animaux, celui qui peut le moins vivre en troupeaux. Des hommes entassés comme des moutons périraient en peu de temps. L'haleine de l'homme est mortelle à ses semblables... Les villes sont le gouffre de l'espèce humaine... »

La proportionnalité entre les espaces libres et le chiffre de la population est d'une importance telle qu'il devient inutile de la discuter devant les faits. Nous la constatons d'une façon indéniable dans le chiffre de la mortalité des villes suivantes :

En France : Grenoble, 15,68 0/00, sans qu'il soit nécessaire de parler de ses espaces libres, elle a ses montagnes ! En Europe : Anvers, 14,46 0/00 avec ses bassins, et Berlin 17,88 0/00; mais Berlin, à surface égale, a plus du double d'espaces libres (promenades) (554 h.) que Paris (263 h.).

Et à Paris même, est-ce que M. Turot, notre honorable collègue, ne constate pas, dans son remarquable *Rapport sur les habitations à bon marché*, 1904, p. 10, que, dans le quartier qu'il représente, celui des Grandes-Carrières, en 1900 la mortalité a atteint 22,2 0/00, tandis que la même année, dans le quartier des Champs-Élysées, la mortalité n'était que de 11,1 sur 14.656 habitants, autrement dit 7,5 0/00 (1) ? Et l'auteur ajoute :

« La relation entre l'encombrement du logement et la mortalité n'est pas douteuse. »

Nous dirons, nous : « La relation entre la quantité d'espaces libres et la mortalité n'est pas douteuse. » Comme on le voit, nous prenons la question d'un point de vue plus général et plus élevé.

Et M. Turot conclut ainsi : « Il nous semble qu'on peut résumer le super-peuplement dans les grandes villes par ces trois mots : immoralité, alcoolisme, prostitution. »

Nous ne pouvons que souscrire des deux mains à une pareille conclusion, à laquelle nous ne demandons qu'à ajouter un seul mot : *Mortalité*.

---

(1) M. Juillerat (Rapport au Congrès international d'assainissement et de salubrité de l'habitation, Paris, 1904) écrit :

« Dans nos statistiques, toujours nous avons constaté que les étages inférieurs étaient beaucoup plus durement frappés (par la tuberculose) que les étages supérieurs. (*Génie civil*, 16 juin 1906, p. 98.)

N'est-ce pas tout naturel ? C'est une question d'aération, de lumière et... de soleil.

Conséquences.

Notre travail nous amène à faire les curieuses constatations suivantes :

D'après les règlements de la Préfecture de police, le volume de chaque pièce habitée doit être, à Paris, de 14^{m3} par personne.

La population actuelle étant, en chiffres ronds, de 3.600.000 habitants, c'est donc 50 millions 400.000 mètres cubes d'air qu'il faut à cette agglomération, sous peine de contrevenir à cette ordonnance de police. Cette somme de mètres cubes est prise en entassant les êtres humains les uns sur les autres. Mais, la superficie *totale* de la Ville étant de 78.020.000 mètres carrés, il en résulte que si chaque habitant était sur le sol il aurait à sa disposition $1^{m3},550$ par mètre carré.

Or, les espaces libres ne représentent qu'une superficie de 51.716.582 mètres carrés. Chaque habitant a donc juste une superficie de un mètre carré pour appuyer sa colonne de 14^{m3} nécessitée par l'ordonnance de police. Ce n'est pas assez, c'est même loin d'être suffisant : c'est la portion congrue. Il est de la plus haute importance que cet état de choses change le plus tôt possible, sous peine de voir Paris s'anémier et dépérir, résultat fatal en fort peu de temps.

De plus, la hauteur minima du plafond de la chambre est de 2 m. 50; donc, conséquence mathématique, la superficie du plancher sera forcément de 6 m. 25 environ.

Or, la superficie des surfaces bâties est de 2.630 h. 38,09 et la superficie absolument nécessaire, suivant l'ordonnance de police, est de 2.250 h. 00,00. Ce rapprochement n'est-il pas instructif? Nous n'oublions pas, croyez-le bien, que les habitants sont logés les uns au-dessus des autres.

Ce que nous disons plus haut signifie qu'il y a des appartements à loyers élevés qui ont beaucoup d'espaces perdus, salons, halls, etc., tandis que d'autres, à loyers réduits, sont absolument insuffisants; c'est là une conséquence forcée (1).

Nous savons qu'en prenant le chiffre de 3.600.000 habitants nous nous servons d'un maximum ; avec le chiffre officiel (2) nous aurions un peu plus de jeu, mais l'observation subsisterait quand même et ici la théorie s'impose à la pratique.

---

(1) Le nombre total des individus mal logés s'élève, à Paris, à 331.976, c'est-à-dire à 1/8°. (Rapport Brousse, p. 130.)

(2) En 1902 : 2.657.335.

DEUXIÈME PARTIE

Désaffectation des fortifications.

Les fortifications, à partir de la basse Seine jusqu'à la porte de Villiers, présentent un développement de 5.015 mètres.

Nous les diviserons en quatre parties :

1° La partie qui part de la Seine pour aboutir au bois de Boulogne, porte Molitor, qui mesure 330 mètres. Le jardin fleuriste, entre la porte.Molitor et la porte d'Auteuil, appartient à la Ville; c'est un morceau détaché du Bois;

2° La partie qui longe le bois de Boulogne pour aboutir à la porte de Neuilly, la plus longue, qui ne mesure pas moins de 4.050 mètres;

3° La partie comprise entre la porte de Neuilly et la porte des Ternes, qui mesure 335 mètres;

4° La partie comprise entre la porte des Ternes et la porte de Villiers, qui mesure 300 mètres.

1° *La boucle du Point-du-Jour.*

Nous passerons rapidement sur la première partie de l'enceinte, située entre la ville de Boulogne et Auteuil, ou mieux le Point-du-Jour et la porte Molitor. Elle forme un crochet et longe un terrain retranché du Bois, ancien jardin fleuriste, sous Louis XV, vendu sous Louis XVI à M. Joly de Fleury, situé près de la grille d'Auteuil, formant aujourd'hui en grande partie le parc aux Princes, pour se continuer sur les anciennes limites des communes de Boulogne et d'Auteuil.

Ces terrains du fonds des Princes mesuraient 416.456 mètres carrés et ont été lotis, puis échangés, et enfin vendus, en 1856, à la Société des Sports et à MM. Millaud, de Rothschild, David, Favard, de Cuverville, pour près de 2 millions (1.722.438 fr. 10).

La partie de l'enceinte comprise entre le bois de Boulogne et la basse Seine, évaluée, comme construction, à 1.500.000 francs, fut adjugée à MM. Lemarié et Bouchat, avec un rabais de 7,25 0/0, le 28 octobre 1840.

Cette boucle dont le développement de 330 mètres comprend une bande de terrain d'environ 45.000 mètres carrés (46.860) représente une somme de 2.812.500 francs, en admettant le prix moyen du mètre carré à 62 fr. 50, comme l'estime la Commission de 1897.

Cette portion n'ayant qu'une valeur secondaire dans notre projet, nous ne nous en occuperons pas davantage et laissons l'État agir au mieux de ses intérêts.

2° Le bois de Boulogne.

La partie la plus importante pour nous est celle qui est comprise entre le boulevard d'Auteuil et la porte de Neuilly. Comme nous le disons plus haut, elle mesure 4.050 mètres de longueur, plus d'une lieue, sur une largeur de 142 mètres en moyenne (1).

C'est sur cette bordure qu'on a prélevé la bande de terrain sur laquelle on a élevé les fortifications et la superficie de cette bordure ne mesure pas moins de 69 hectares 43 ares 43 centiares. Le roi Louis-Philippe, à qui appartenait le Bois, en fit généreusement le don.

Mais l'enceinte continue n'occupa que 51 hectares 74 ares 98 centiares de cette bordure. Il restait donc encore, *intra muros*, 17 hectares 68 ares 45 centiares dont l'État se réserva 7 hectares 57 ares 95 centiares et céda à la Ville 10 hectares 10 ares 50 centiares.

Diverses parcelles furent remises, dans la suite, à la Ville, à titre de dépendances du Bois, telles que la Pépinière, le clos Georges, des maisons sises avenue de la Muette, les pelouses du Ranelagh et les quinconces de Passy (2) etc.

Construction des fortifications. — Pour construire les fortifications, il fallut d'abord défricher le Bois. Le 24 septembre 1840, plusieurs ateliers de bûche-

---

(1) 142 mètres est la mesure exacte de la largeur de la bande de terrain occupée par les fortifications. Mais outre cette bande il existe encore ce qu'on nomme la zone militaire, qui n'est pas la même chose.
La zone de 250 mètres de largeur est mesurée sur les capitales des bastions et à partir de la crête du glacis. Paris est donc entouré d'une bande de près de 392 mètres comprenant la route stratégique intérieure, les fortifications et la zone.

(2) Voir Barras. *Note sur le bois de Boulogne*, p. 55 et suivantes. On verra plus loin que l'État et la Ville ont retiré de ces terrains plus de 4 millions 500.000 francs !

rons étaient organisés tant dans le bois de Boulogne que dans le parc de Neuilly pour dégager le terrain où des terrassements allaient avoir lieu et les travaux étaient naturellement dirigés par des soldats du génie.

A Auteuil, dans l'origine, on se proposa de construire une redoute reliée aux travaux de Neuilly par un rempart bastionné traversant le bois de Boulogne.

Le 26 septembre, un nombre considérable d'ouvriers avaient commencé à couper le bois, à coupe blanche, depuis la Muette jusqu'à la porte Maillot, parallèlement à peu près à la grande avenue qui allait de cette porte à la Muette.

Le 1er octobre, l'abatage des arbres se poursuivait très vigoureusement, et le dimanche 21 octobre la population parisienne se portait en foule au Bois pour voir les commencements des travaux et les 240 baraques destinées au logement des troupes et déjà fort avancées.

Le 12 avril 1841, le roi visitait au bois de Boulogne les travaux des fortifications, accompagné du maréchal Soult, du général Dode de la Brunerie, de ses aides de camp et de ses officiers d'ordonnance, mais les travaux étaient alors subitement interrompus à cause d'un conflit entre l'Administration des Ponts et Chaussées et celle de la Guerre, conflit qui fut, du reste, immédiatement réglé.

Ce ne fut qu'en 1849, 29 septembre, que l'œuvre gigantesque des fortifications était terminée complètement, par l'expropriation des carrières à plâtre dites carrières d'Amérique, à MM. Jacques Laffitte et Higonnet.

La partie qui longe le bois de Boulogne comprend les bastions 53 (caserne de gendarmerie), 54, 55, 56 (caserne de gendarmerie), 57 (poste-caserne), 58, 59 (poste-caserne), 60, 61 (caserne d'octroi) et 62, soit en tout 10 bastions, et les portes Dauphine, de la Muette, de Passy et d'Auteuil.

Elle est suivie extérieurement par l'allée des fortifications.

Entre la porte d'Auteuil et la porte de Passy s'étend, extérieurement à l'enceinte, le champ de courses d'Auteuil, et nous ne voyons aucun inconvénient à ce que les terrains désaffectés soient consacrés à l'agrandissement de ce champ de courses, un peu trop à l'étroit actuellement. On pourrait lui céder environ 156.250 mètres carrés (1). Nous sommes convaincu que la Société des courses d'obstacles accepterait avec empressement les terrains libres quitte à en discuter le prix sur lequel on arriverait vite à une entente... cordiale. Il y aurait même, de ce fait, une rémunération non négligeable pour la Ville en ce sens qu'elle augmenterait le revenu qu'elle tire des courses.

---

(1) Terrain compris entre les portes de Passy et d'Auteuil.

Pour l'autre partie du Bois, voici ce que nous écrivions dans l'*Écho de Paris* du 6 septembre 1905 :

La zone militaire comprend deux parties : les fortifications proprement dites, avec le fossé, le mur de contrescarpe, les bastions et une certaine étendue de terrain avoisinant les fortifications et frappée d'une servitude de *non œdificandi*, autrement dit la *zone militaire*.

Lorsqu'en 1852, 8 juillet, le Président de la République Louis-Napoléon céda le bois de Boulogne à la Ville, les fortifications existaient depuis longtemps. La Ville, en aménageant le bois de Boulogne, voulut utiliser cette bande de terrain grevée de *non œdificandi* qui le longeait et, avec l'assentiment du Ministre de la Guerre d'alors, elle la planta d'arbres. Aux yeux du promeneur, cet espace de la zone militaire fit donc partie intégrante du bois de Boulogne, mais elle se trouve affranchie par le fait même de la désaffectation des fortifications.

En 1870, les arbres furent rasés, afin de ne pas nuire à la sécurité de la défense, mais, la guerre finie, la zone fut entièrement replantée.

Depuis trente-quatre ans, sur une longueur de plus de 4 kilomètres, 1.012.500 mètres carrés de terrains plantés sont ainsi incorporés au Bois, augmentant d'autant son étendue.

Or, dans le projet établi par les services d'architecture de la ville de Paris, tout le terrain de l'enceinte fortifiée qui touche le bois de Boulogne est voué au lotissement.

Le Bois serait par conséquent diminué de 575.100 mètres carrés, qui représentent la surface couverte par les fortifications en dedans de la zone militaire extérieure (1).

Nous n'avons pas besoin de dire avec quelle énergie nous protestons contre une pareille éventualité. Pour nous, comme pour tous ceux qui ont bien voulu lire notre rapport, ce serait là plus qu'une folie ; ce serait un crime contre Paris.

L'État n'a jamais acheté ces terrains ; il les a reçus pour une destination spéciale : les fortifications.

A un moment donné, la nécessité d'établir des fortifications a imposé le don d'un roi Louis-Philippe ; cette nécessité disparaissant, le don du roi ne doit-il pas, de bonne foi, faire retour à celui à qui il l'avait destiné, c'est-à-dire, à la Ville qui s'est substituée à la Liste civile, et par conséquent ce don n'ayant plus de raison d'être ne doit plus être valable et l'État ne saurait délicatement vou-

---

(1) Ba nde de 4.050 mètres de longueur sur 142 mètres de largeur. Nous ne faisons pas entrer en ligne de compte l a *zone militaire*.

loir tirer profit en sa faveur d'une donation consentie dans un but déterminé. Nous ajouterons que lorsque les fortifications furent construites le long du bois de Boulogne certaines parties situées dans l'intérieur des travaux furent distraites du Bois et la Ville en a disposé. Tout récemment encore elle vendait le terrain des Glacières qui était un restant de ces parties détachées, tout comme le Ranelagh, du Bois de Boulogne.

Ces emprises, qu'on peut voir sur le plan que nous publions, ont rapporté, au bas mot à la Ville plusieurs millions, qu'elle doit à la générosité du roi, car il pouvait strictement les conserver à la Liste civile, puisqu'elles étaient inutiles au but qu'on se proposait : il n'y a même pas songé (1).

Nous avons vu que les terrains destinés à la construction de l'enceinte avaient été donnés à l'État par le roi, qui les avait distraits de sa dotation, comme il en avait le droit (2).

Dès lors qu'on démolit les fortifications, il semble de bonne logique que ces terrains reviennent à leur destination primitive et qu'ils soient incorporés à nouveau au bois de Boulogne.

Nous reconnaissons volontiers que ces terrains appartiennent toujours à l'État, mais pourquoi celui-ci ne les rétrocéderait-il pas à la Ville en prenant comme base l'accord survenu entre Paris et l'État en 1852 ?

Par ce contrat, l'État accordait à la Ville la propriété du Bois de Boulogne, à charge, pour celle-ci, d'y faire 2 millions d'aménagements et d'embellissements.

---

(1) En voici la liste d'après Barras, p. 56 :

1858 21 décembre	1.333.729 25	Report	2.356.035 45
1897 15 juin	66.200 »	1856 28 août	20.000 »
1879 6 mai	420.200 »	Sans date	14.453 96
1872 24 février	40.000 »	—	360.896 45
1856	87.564 20	—	140.287 85
1868 27 juin	147.812 »	—	41.696 20
1895 22 janvier	260.590 »	Glacières vendues récemment, évaluées	1.150.000 »
Total	2.356.035 45	Total	4.088.369 91

Ceci est pour la Ville, mais l'État lui-même a retiré d'une vente effectuée en 1854, 25 octobre, 570.000 francs. C'est donc un bénéfice de 4.653.369 fr. 91 qu'ont réalisé et la Ville et l'État sur la partie du bois de Boulogne distraite par les fortifications, et que personne jusqu'ici n'a songé à relever : Louis-Philippe était généreux... jusqu'à nos jours.

(2) A la rigueur, le roi aurait pu réclamer le prix de ce terrain qui faisait partie de la liste civile en vertu de la dotation de 1832. Les terrains, dont le prix moyen, à Neuilly, est de 3 francs à 3 fr. 50, en 1841 valaient bien 1 franc à 1 fr. 50 dans cette partie cédée par le roi. C'est donc un cadeau de plus de 800,000 francs que faisait le roi Louis-Philippe à l'État, et même de plus d'un million ! Ne voyons-nous pas, plus haut, qu'une minime partie, environ 20 hectares 65 ares 63 centiares (Barras, p. 55, 56, 57, 58), située en dedans des fortifications, a rapporté 4,653,369 fr. 91 à la Ville et à l'État ?

Pourquoi le Gouvernement de la République actuel se montrerait-il moins libéral que celui de la République de 1848 ou mieux de 1852?

Nous avons pu voir, depuis lors, quelle transformation a subie le Bois sous la direction d'Alphand et surtout de Varé, le jardinier paysagiste du roi de Hollande, Louis, à Saint-Leu, car c'est lui qui fit les premiers plans avec Hittorf, l'architecte des promenades. Nous savons encore par la *note* de M. Barras que « cette opération, en même temps qu'elle a contribué à l'embellissement de Paris, a donné les meilleurs résultats au point de vue financier ».

En somme, le bois de Boulogne rapporte aujourd'hui, à la Ville, plus de 700,000 francs (1).

Est-ce qu'avec les améliorations indiquées dans notre projet les recettes ne pourraient pas atteindre rapidement un million?

Ce résultat ne nous paraît pas négligeable.

3° Le palais des Sports.

On a proposé divers emplacements pour élever un palais des Sports, mais les emplacements proposés ne répondent pas, à notre avis, aux conditions exigées d'un semblable édifice.

Et d'abord, on a cité Issy. Suivant nous, ce terrain est trop éloigné de la Ville et rien, dans ses abords, ne justifie ce choix. Les amateurs de sport seraient obligés de traverser Grenelle pour arriver à des étendues de terrains appuyées d'un côté sur des coteaux assez élevés et traversés par des lignes de chemin de fer. Pour un sportsman, permettez-moi de vous le dire, ce terrain manque d'horizon; car il ne faut pas oublier que les sports pourraient, à la rigueur, comprendre le plus important de tous les sports, celui qui rassemblait dernièrement dans un espace resserré et mal disposé un certain nombre — seize — de concurrents, celui enfin qui est appelé à nous causer, dans un avenir prochain, le plus de surprises : j'ai nommé l'aérostatique.

Or, Issy, pas plus que le Champ de Mars, autre endroit désigné, qui offre encore plus d'inconvénients, ne nous paraît bien choisi.

Quant à Vincennes, il est, je crois, inutile, après la démonstration faite, lors de la dernière Exposition universelle de 1900, d'insister sur les désavantages de cette localité. Il est impossible, en vertu de cette loi qui pousse fatalement les populations vers l'ouest, d'amener le monde à Vincennes. Vincennes est loin,

(1) Barras. *Note sur le bois de Boulogne.* 1900, p. 94.

Vincennes est trop loin ; Vincennes ne présente aucun des nombreux avantages que nous rencontrons dans l'emplacement choisi par nous, c'est-à-dire la partie des fortifications comprise entre la porte de Neuilly et la porte des Ternes qui mesure 335 mètres de longueur.

Elle forme un trapèze dont les petits côtés ont respectivement 190 et 100 mètres de longueur.

Enclavée dans ce terrain, d'une superficie d'environ 50,000 mètres, la chapelle Saint-Ferdinand et son petit jardin occupent 3,125 mètres carrés, ce qui laisse un espace libre de 47,035 mètres carrés, ce qui est suffisant.

Ce vaste emplacement est borné par l'avenue de la Grande-Armée, la porte de Neuilly, le rond-point de la Porte-Maillot, la route de la Révolte, le rond-point de la Révolte, l'avenue du Roule, la porte des Ternes et le boulevard Gouvion-Saint-Cyr.

Cette portion des fortifications a été construite sur des terrains appartenant à 43 propriétaires dont nous donnons les noms (1) à l'annexe.

Ce terrain était séparé par la route de la Révolte du lieudit de Sablonville, loti en 1825 par l'architecte Rougevin et qui forme aujourd'hui partie de Neuilly.

C'est sur cet emplacement que nous proposons de construire un palais des Sports et nous affirmons que les capitaux nécessaires à l'achat des terrains et à l'édification du palais seront rapidement trouvés, si vous acceptez cet emplacement. Il ne renferme que le bastion 51 avec un poste-caserne.

Mais ce qui ajoute encore un plus grand intérêt au choix de cet endroit, c'est ce prolongement, cette annexe d'un prix inestimable, que nous proposons à tout le monde sportif : nous voulons parler d'un champ des sports, ou mieux d'un autodrome à Sartrouville.

Construit au milieu du centre de l'industrie sportive, à Paris, au bout de l'avenue de Neuilly, bordée de magasins spécialement affectés aux sports, notre terrain serait relié par une avenue de 100 mètres de large à la forêt de Saint-Germain, à la Croix-de-Noailles(2). Cette avenue, composée de routes affectées aux piétons, aux voitures à traction animale, aux bicyclettes, aux motocyclettes, aux automobiles, aux tramways, passerait auprès de Sartrouville. C'est précisément cette plaine que nous voulons utiliser pour y établir notre champs des sports. Située dans une boucle de la Seine, sur un sol excellent pour ce que nous en

(1) Voir Annexe n° 1, page 101.
(2) La route projetée pourrait s'arrêter à la Seine, à Maisons-Laffitte, et ne pas se continuer dans la forêt de Saint-Germain, où elle est sans intérêt : elle ne mène à rien, et présenterait des inconvénients. Ne touchons pas aux forêts. Voir le plan annexé au rapport.

voulons faire, cette immense étendue de terrain permettrait à tous les genres de sport de s'y développer sans inconvénient pour personne : voies d'accès pour le public, espace illimité pour les pistes, horizon très étendu, tout concourt à faire de cet endroit un centre unique au monde pour les exercices sportifs. Les sports qui exigent le plus d'espace, les automobiles et les ballons, trouveraient là tout ce qui leur est nécessaire, et même, au besoin, le fleuve qui entoure cette boucle.

C'est donc avec la plus entière confiance que nous vous soumettons ce projet, à moins toutefois que le rapport spécial de quelqu'un plus qualifié que nous ne nous fasse valoir les avantages d'un autre emplacement. Nous l'attendons. L'avenir, nous en sommes convaincu, viendra confirmer nos prévisions.

4° *Hôpital Beaujon.*

La partie des fortifications comprenant le bastion 50 est limitée par la porte des Ternes, l'avenue du Roule, le rond-point de la Révolte, le boulevard Victor-Hugo, la route de la Révolte, le boulevard de Villiers, la porte de Villiers et le boulevard Gouvion-Saint-Cyr.

Il faut en distraire l'angle formé par le boulevard Victor-Hugo et la route de la Révolte.

Les terrains de cette partie des fortifications proviennent d'un morceau du parc de Neuilly, donné par Louis-Philippe, et d'un petit triangle logé au coin de l'avenue des Ternes et de l'ancienne route de Saint-Denis.

Les propriétaires expropriés furent au nombre de vingt-six, dont nous donnons les noms (1).

Le projet primitif, à la date du 24 septembre 1840, consistait, dans le parc de Neuilly :

1° En une redoute construite à la pointe du Parc aboutissant à la route de la Révolte, non loin de la porte Maillot. A cette date on coupait le bois ;

2° En un fort considérable à la pointe inférieure de l'île, du côté d'Asnières, pour commander le fleuve. (Ce projet ne fut pas exécuté.)

Le 26 septembre, on débarrassait des racines les terrains sur lesquels on avait coupé la veille les taillis, les massifs et les arbres.

C'est sur cet emplacement que nous proposons de transférer l'hôpital Beaujon.

---

(1) Voir Annexe n° 3, page 111.

Comme nous le disions dans le projet que nous avons eu l'honneur de présenter au Conseil, le 11 juillet dernier, l'hôpital actuel est non seulement insalubre, mais il est en outre absolument insuffisant. Beaujon est appelé à desservir les 8e et 17e arrondissements, une partie des 9e et 16e et presque toutes les communes de la banlieue ouest : où trouver une situation plus centrale?

Beaujon occupe une surface de terrains de 23.196 mètres carrés ; nous vous offrons un terrain mesurant plus du double, environ 47.035 mètres.

La démolition de Beaujon et les frais de reconstruction sur le nouvel emplacement seront couverts, et au delà, par le produit de la vente des terrains de l'emplacement actuel.

En dehors des considérations relatives au prix élevé des terrains des quartiers environnants, il n'existe là aucune surface libre de dimensions suffisantes.

Aucun des terrains examinés jusqu'ici n'a pu être retenu pour les diverses raisons que j'ai énumérées dans mon rapport sur ce sujet.

Depuis bientôt dix ans, cette question de la reconstruction de Beaujon est en suspens : elle ne saurait être différée plus longtemps.

Nous ne pouvons tolérer davantage que des malheureux soient hospitalisés dans des conditions d'hygiène aussi déplorables : ce serait indigne d'une ville comme Paris, qui doit toujours et forcément marcher en tête du progrès.

La question financière nous paraît résolue.

L'Administration de l'Assistance publique adopte le projet que nous lui avons communiqué. Qu'attendons-nous ?

Nous vous offrons un nouvel hôpital élevé dans les meilleures conditions hygiéniques et autres, absolument isolé, à proximité des quartiers qu'il est appelé à desservir et pourvu de tous les perfectionnements réclamés par la science moderne, et cela sans bourse délier, sans qu'il en coûte quoi que ce soit à la Ville. Au contraire, elle pourrait encore peut-être y trouver un bénéfice.

Et vous hésiteriez?

Nous vous renvoyons, Messieurs, aux considérants de notre projet, et nous avons l'honneur de vous soumettre cette délibération :

« L'Administration est invitée à négocier avec l'État l'acquisition des ter-
« rains compris dans la zone militaire entre les portes de Villiers, des Ternes,
« la route de la Révolte et le boulevard de Villiers, en vue de leur affectation à
« la reconstruction de l'hôpital Beaujon. »

5

En terminant, Messieurs, nous ferons cette importante remarque :

L'État n'a pas le droit de se montrer *bien exigeant* pour le prix des terrains dont nous parlons, parce que tous ces terrains, qui faisaient partie du parc de Neuilly, ont été donnés *gratuitement* par le roi Louis-Philippe, à qui ils appartenaient comme propriété *privée*.

Nous n'insistons pas...

TABLEAUX COMPARATIFS

des grandes villes de l'Europe de plus de 100.000 habitants et des villes de France de plus de 50.000 habitants.

Pour qui prendra la peine d'étudier ces deux tableaux, nous les croyons éminemment suggestifs, et nous ne pensons pas aller trop loin en les déclarant irréfutables.

Examinons d'abord celui des quinze villes de France de plus de 50.000 habitants.

La ville où la mortalité est la moins grande est Grenoble. Ce n'est pas tant la proportion entre ses espaces libres et sa superficie totale (3/7) qui amène ce résultat que sa situation privilégiée au milieu de montagnes élevées. Mais le fait est là : c'est bien à la quantité de grand air que Grenoble doit sa faible mortalité de **15,68**.

Limoges vient ensuite avec 1/3 d'espaces libres et une mortalité de 20,10.

Si nous recherchons la ville où la mortalité est la plus élevée nous trouvons que c'est à Bordeaux (25 0/00), qui n'a qu'un sixième (6,7) d'espaces libres, malgré son grand fleuve, et Rouen (25,5 0/00), qui n'a qu'un septième d'espaces libres (7,6) et est également traversé par un grand fleuve.

Mais le problème est beaucoup plus compliqué qu'on ne le croirait au premier abord, et la seule mortalité, qui a des causes multiples, n'est pas un facteur inattaquable et absolument convaincant.

Néanmoins, nous ne pouvons nous empêcher de faire remarquer que la proportion de la population de la ville de Limoges (88.597) et de ses espaces libres (1.592.739) est à très peu de choses près la même que celle de la population de Grenoble (73.022) et de ses espaces libres (1.225.000).

Si maintenant nous cherchons la proportionnalité entre la superficie des villes et celle de leurs promenades, nous trouverons que :

A Paris, la superficie des promenades couvre le 1/8 de la ville.

A Londres,	—	—	—	le 1/6	—
A Berlin,	—		—	le 1/7	—
A Leipzig.	—	—	—	le 1/5	—
A Bruxelles,	—	—	—	le 1/5	—

Vienne n'a qu'environ 1.000 hectares de parc, mais la ville a 17.000 hectares de superficie. Aussi la municipalité s'occupe-t-elle de fournir à la ville 4.400 hectares (1).

Budapest a plus d'espaces libres (2.159.238 h.) que la ville n'a de superficie (19.444 h.) parce qu'on a compté les parcs et les bois voisins de la ville proprement dite.

Anvers, Amsterdam, Naples ont la mer ou le fleuve, ce qui explique leur peu de promenades relativement.

Proportion des espaces libres et de la population :

A Paris, chaque habitant a 3 m. q. 70 de promenade.

A Londres,	—	7 m. q. 90	—	
A Berlin,	—	2 m. q. 30	—	
A Prague,	—	1 m. q. »	—	
A Vienne,	—	4 m. q. »	—	
A Bruxelles,	—	1 m. q. »	—	etc. (2).

Tous ces chiffres peuvent se tirer des tableaux que nous donnons, et nous ne comptons pas Budapest, où chaque habitant aurait 30.845 mètres pour prendre l'air, soit un espace de 500 mètres sur 60. Bruxelles, qui, avec ses faubourgs compte 777.339 habitants, possède 3.230.000 mètres carrés de promenade avec

(1) *Génie civil*, 16 juin 1906, article de M. A. Bidault des Chaumes.
(2) Suivant Cosseron de Villenoisy, en 1881, chaque habitant de Paris n'avait qu'un espace superficiel de 25 m. q. 1/2, c'est-à-dire un carré de 5 mètres de côté. Dans certains quartiers, comme le quartier Bonne-Nouvelle, cette part était réduite à 8 m. q. 1/2 ou à un carré de moins de 3 mètres de côté, et même, en supprimant la Seine, les terrains privés et la voirie, la part déjà si faible descendait à 2 mètres carrés, l'espace d'une tombe ! Dans aucune ville on n'est soumis à des conditions aussi dures. »
Douze ans plus tard, M. Brousse renchérit encore sur ces chiffres et ne laisse pas même à tel habitant 10 centimètres pour mettre ses pieds, exactement 97 millimètres.
Actuellement, en 1906, les 7.802 hectares de Paris, diminués de 4.269,38,86 de terrains privés, de cours, de la voirie, de la Seine, ne laissent que 2.532,61,14 aux 2,657,335 habitants, c'est-à-dire 95 millimètres, ou encore moins que M. Brousse. Comme on le saisit immédiatement, l'espace diminue d'année en année, de jour en jour.
C'est un devoir pour nous de pousser le cri d'alarme.

son bois de la Cambre et offre à chacun de ses habitants 4 mètres carrés de promenade.

Et nos chiffres, officiels, sont encore au-dessous de la réalité.

Dans nos villes de France, voici le chiffre d'espace libre pour chaque habitant :

Rouen...........	4 mètres.	Lille...........	4 m. 50
Roubaix.........	3 —	Le Havre......	30 mètres, en comptant le bois voisin de la ville.
Limoges.........	2 —	Amiens.......	3 mètres.
Bordeaux.......	1 —	Reims........	2 m. 30
Grenoble.......	18 —	Rennes........	3 m. 50
Nancy..........	4 —	Versailles......	350 m. à cause de son parc et de ses bois.

Ces rapprochements sont curieux parce qu'ils sont nouveaux et que la question vient à peine de se poser. Mais donnons aux municipalités le temps de réfléchir et de songer aux améliorations qu'elles peuvent et doivent apporter dans leur état hygiénique au bout d'un temps relativement restreint et nous sommes convaincu qu'avant dix ans on obtiendra des résultats qui viendront confirmer l'excellence de nos théories.

Outre l'abaissement de la mortalité, qui, nous le savons, ne peut pas descendre au-dessous d'un certain coefficient, les villes qui comprendront l'importance des mesures que nous préconisons pourront constater un relèvement dans le niveau moral de leur population.

Nous n'avons pas la prétention d'apporter la panacée universelle, mais nous prétendons qu'au cas où nos prévisions ne se réaliseraient pas de point en point, il n'en résulterait aucun dommage, tant au point de vue hygiénique qu'au point de vue financier, pour les villes qui auront le courage d'imiter les cités étrangères, tant allemandes qu'anglaises, tant américaines qu'autrichiennes, sans compter les autres.

Si toutes s'en trouvent bien, pourquoi donc les nôtres n'obtiendraient-elles pas des résultats analogues ?

Dans tous les cas, nous croyons avoir rendu service à la Ville que nous avons l'honneur de représenter et nous ne vous demandons qu'une seule chose, Messieurs, c'est d'examiner avec la plus grande attention le problème que nous vous soumettons : vous pouvez le résoudre ; du moins avons-nous fait tous nos efforts pour chercher une solution : c'est celle que nous avons l'honneur de vous présenter.

Une imprudence.

Le 21 décembre 1897, était déposé sur le bureau de la Chambre des Députés, au nom du Président de la République, Félix Faure, de M. Georges Cochery, Ministre des Finances, et du général Billot, Ministre de la Guerre, un projet de loi ouvrant un crédit de 70 millions de bons du Trésor gagés sur les recettes que devait produire le déclassement des fortifications. Cette dépense était affectée à la réfection de notre matériel d'artillerie et à la construction d'une nouvelle enceinte.

Cette mesure, que nous ne craignons pas de qualifier d'imprudente, attirait sur les contribuables une charge annuelle d'environ 5 millions....

N'oublions pas que l'article 6 de la loi du 19 février est ainsi conçu : « Les conditions du déclassement et de l'aliénation des fronts Ouest et Nord seront déterminés par une Loi. » C'est ce qui fait que le 11 février 1902, un accord était signé par le Ministre des Finances et le Préfet de la Seine, aux termes duquel l'État abandonne à la Ville 75.000 mètres carrés pour les voies, ainsi que pour la voie militaire formée par les boulevards Lannes et Suchet, moyennant quoi la Ville s'engage à exécuter tous les travaux de viabilité, comprenant la démolition, le nivellement, l'établissement des canalisations d'éclairage, etc., et à exempter pendant dix ans des taxes municipales les premiers acquéreurs. Cette dépense, à la charge de la Ville, était évaluée à environ 8 millions, que l'État avançait généreusement.

En vérité, Messieurs, vous nous permettrez de trouver cette transaction bien étrange pour ne pas avoir à la qualifier plus sévèrement.

Il ne restait plus qu'à faire sanctionner par une loi l'accord entre l'État et la Ville, en vertu de l'article 6 de la loi de 1898, mentionné plus haut.

Aussi, le 17 février 1902, le projet de loi fut-il déposé par le rapporteur, M. Ruau, député, actuellement Ministre de l'Agriculture (novembre 1902). Mais il n'est pas encore discuté.

Voici quatre années écoulées ; le Ministère de la Guerre ne fait plus d'opposition ; la Commission du budget a adopté les conclusions du rapport Ruau, et il suffit d'une simple disposition insérée dans la loi de finances pour que le mal soit irréparable.

Nous ferons remarquer, cependant, qu'une clause a été omise, celle des délais dans lesquels devaient être effectués les travaux de viabilité ; est-ce là ce qui a empêché la promulgation ?

Déjà, M. Beauquier, dans la vigoureuse campagne entreprise dans le *Figaro*, du mois de septembre 1905, a attaqué ce projet, qui a soulevé de toutes parts, à son appel, une protestation violente de la presse, unanime à cette occasion.

Nous ne pouvons que partager l'avis de l'honorable député du Doubs, M. Beauquier, et nous nous engageons, devant vous, à le soutenir et à l'encourager, quand il écrit : « Ce n'est pas dans le huis clos des salles de rédaction qu'il convient d'agir... C'est dans de vastes meetings, où serait conviée la population des quartiers menacés, que ces questions devraient être discutées...

« Que Paris, comme une jolie femme qui étouffe dans son corset, crie : « Au secours ! de l'air ! de l'air ! »

« Qu'on la délace, sans plus tarder ! » (1)

Le prix des terrains désaffectés.

En 1890, l'État fixait à 250 francs le mètre, entre les portes de Neuilly et des Ternes, ce que la Ville estimait 75 francs ; il en résulta une différence de 60 millions dans les évaluations. Les pourparlers furent rompus.

En 1878, à la porte Maillot, le prix du mètre était de 18 francs ; mais en 1892 il atteignait 89 francs. Un terrain de 1.124 m. 46 était vendu, le 8 novembre 1892, pour la somme de 111.000 francs, sur une mise à prix de 44.978 fr. 40, malgré les servitudes, c'est-à-dire de 40 francs le mètre (2).

Ce terrain était situé près du restaurant Gillet.

Vers 1828, un M. Devillers épousait Mlle Gillet, et achetait en 1838 du terrain en cet endroit des héritiers de Casimir Perier, mort du choléra en 1832. Casimir Perier l'avait acheté de M. de Redern, le 4 décembre 1819. Ce terrain provenait de la Faisanderie, ferme vendue comme bien national à Saint-Simon, le futur chef des saints-simoniens, le 22 juin 1796 (4 messidor an IV) (3).

Nous savons, par les prix payés aux propriétaires des terrains en 1841, que ce terrain valait alors 3 francs en moyenne. Il avait donc atteint, en 1892, c'est-à-dire après 51 ans, 17 fois sa valeur, suivant la Ville, et 83 fois sa valeur, suivant l'État !

(1) *Bulletin de la Société pour la protection des paysages de France*, n° du 15 janvier 1906, article de M. Émile Charrier.
(2) Barras. *Note sur le Bois de Boulogne*, 1900.
(3) Darney. *Neuilly-sur-Seine*, Auxerre, 1900.

En vérité, c'est là un excellent placement, puisqu'à 5 0/0 il ne devrait coûter que 70 francs environ aujourd'hui, en 1906 !

Nous croyons apporter des moyens d'appréciation qu'on a jusqu'ici négligés ; nous redoutons le sort qui peut-être leur sera réservé, mais nous avons pensé qu'il était juste que vous fussiez fixés sur une pareille transaction.

Du moment qu'on ne tiendra pas compte de notre observation, le prix de ces terrains n'a plus de limite et on peut en demander ce qu'on voudra, comme nous allons le voir, mais il était bon que ces choses fussent dites et prouvées.

Année 1897. — Évaluation des terrains de l'enceinte de Paris compris entre le quai d'Auteuil et la porte de Villiers, par la Sous-Commission nommée à cet effet :

				Moyenne
1. Quai d'Auteuil au boulevard Murat prolongé.	65 fr.	(3 voix)		50 fr.
	35 fr.	(1 voix)		
2. Boulevard Murat à la porte de Versailles....	50 »	»		45 »
	40 »	»		
3. Porte de Versailles	110 »	»		95 »
	80 »	»		
4. Porte de Versailles à l'axe de la rue Molitor.	70 »	»		60 »
	50 »	»		
5. Axe de la rue Molitor à la porte d'Auteuil...	100 »	»		80 »
	60 »	»		
6. Porte d'Auteuil.........................	135 »	»		135 »
7. De la porte d'Auteuil à la porte de Passy ...	135 »	»		125 »
	115 »	»		
8. De la porte de Passy à la porte de la Muette.	150 »	»		200 »
	250 »	»		
9. De la porte de la Muette à la porte Dauphine.	215 »	»		182 50
	150 »	»		
10. Porte Dauphine........................	390 »	»		390 »
11. De la porte Dauphine à la porte Maillot.....	160 »	»		160 »
12. Porte Maillot.........................	350 »	»		275 »
	200 »	»		
13. Porte Maillot.........................	350 »	»		265 »
	180 »	»		
14. De la porte Maillot aux Ternes............	250 »	»		162 50
	75 »	»		

Moyenne

15. De la porte des Ternes à la porte Champerret $\left\{\begin{array}{l}180 \text{ fr.} \quad » \\ 105 \quad » \quad »\end{array}\right.$ $\left\{142 \text{ fr. } 50\right.$

Moyenne du prix du mètre du quai d'Auteuil à la porte Champerret : 157 fr. 85

Membres de la Sous-Commission : 4

Militaires (État)... 2
Domaine (État)... 1
Architecte voyer... 1
                                                           ——
                                                            4

Les plus bas prix sont offerts naturellement par le représentant de la Ville, excepté pour le n° 9.

D'après le tableau résumant les propositions de la Sous-Commission de 1897, publié dans le rapport de M. Brousse de 1898, le prix moyen du mètre superficiel, depuis le quai d'Auteuil jusqu'à la porte Champerret, s'élève :

Pour l'État, à 187 33
Pour la ville de Paris, à 128 33
                                                    ———
D'où une différence de . . . . 59 fr. par mètre.

Moyenne du prix du mètre. 157 88

Le prix moyen du mètre superficiel, de la porte Molitor à l'axe de l'avenue de la Grande-Armée, c'est-à-dire sur toute l'étendue du bois de Boulogne (et même quelques mètres plus loin), est :

Suivant l'État, de 216 12
Suivant la Ville de . . . . 170 »
                                                    ———
D'où une différence de 46 12

Moyenne du prix du mètre superficiel. 193 06

Mais la Sous-Commission ne veut pas entendre parler de *prix moyen*, et elle a divisé l'espace compris entre le quai d'Auteuil et la porte Champerret en 15 subdivisions, chacune avec des prix différents, variant de 40 à 390 francs. Tous ces terrains augmentent de valeur d'année en année, et il est évident que les chiffres seraient plus élevés actuellement, au bout de dix ans, qu'en 1897.

Sans mettre fin à ces contestations, nous croyons que notre projet permettrait d'aboutir à une solution d'autant plus rapide qu'elle s'impose chaque jour de plus en plus. Plus nous attendrons, plus les prix s'élèveront, et telle affaire qui pourrait être avantageuse pour la Ville aujourd'hui le sera moins dans quelques années.

Le temps presse, Messieurs; hâtons-nous d'arriver à une solution à laquelle tout le monde gagnera, car notre projet vise le bien public, et nous travaillons réellement *pro bono publico* et non pour la spéculation de quelques particuliers.

La Ville, c'est tout le monde, c'est tout Paris, et ce ne sont pas quelques millions de plus ou de moins qui doivent nous arrêter. Du reste, nous sommes fermement convaincu, par l'exemple des autres villes, que l'argent dépensé sera de l'argent bien placé. A part le bénéfice matériel certain, comptez-vous donc pour rien l'amélioration de l'hygiène publique, de la mortalité, en un mot de la moralité d'une ville comme Paris?

En somme, 4.050 m. de longueur de fortification en bordure du bois de Boulogne, sur 142 m. de largeur, en moyenne, donnent une superficie de 575.100 m. q. qui, à 157 fr. 85 le mètre en moyenne, donnent un total de 9.965.455 francs, 10 millions. Mais vous les recouvrerez en moins de dix ans !

M. le Directeur administratif des travaux (Rapport de M. Brousse, 1893, p. 113) s'exprime ainsi :

« La Commission de voirie ne croit pas que l'on puisse estimer à plus de 20 millions les terrains qui seraient à revendre par suite de la désaffectation de la partie de l'enceinte comprise entre la porte d'Auteuil et la porte de Saint-Ouen. 24 mars 1893 » (1).

Comment! 20 millions ? Mais les tableaux de M. Brousse (Rapport de 1898, p. 47 et 48) donnent les chiffres suivants de l'évaluation de la Sous-Commission de 1897 sur ces mêmes terrains :

Suivant l'État : 209.129.345 fr.

Suivant la Ville : 146.897.130 fr.

Qui trompe-t-on ? Sommes-nous le jouet d'un rêve ? On peut vérifier facilement nos affirmations. Pour nous, avec des chiffres aussi élastiques, nous sommes tenté de nous écrier, comme M. Pagès (de l'Ariège) au moment de la discussion sur les fortifications, en 1841 :

« Depuis dix ans l'art des chiffres est le langage du mensonge ! »

Il faut en finir, sous peine de fatiguer le public et l'opinion, qui comprendront à la fin qu'on se moque de lui et d'elle.

---

(1) Le général Mensier, lettre du 10 octobre 1892, évalue les terrains de la fortification actuelle qui deviennent disponibles à 110.000.000 fr. (Rapport Brousse 1893, p. 111). Différence : 90.000.000 (!!!)

Nous croyons vous en fournir les meilleurs moyens.

La loi du 19 février 1898 engage les produits d'aliénations d'immeubles militaires désaffectés ou de fortifications déclassées et des terrains provenant du déclassement des fronts OUEST et NORD de l'enceinte de Paris pour une somme de 66 millions. Du côté ouest, que l'État, qui s'est un peu trop pressé, à notre avis, dispose de la partie située entre le quai d'Auteuil et la porte Molitor à son gré, mais qu'il nous fasse des propositions pour la partie située entre la porte de Neuilly et la porte de Villiers, nous sommes prêts à lui payer ses terrains à des prix raisonnables ; mais pour le bois de Boulogne, nous demandons à l'État de peser les raisons avancées dans ce rapport et nous vous proposons de lui demander de nommer une Commission à l'effet d'entendre nos justes revendications.

L'État retrouvera ses millions sur le front NORD.

RÉSUMÉ.

MESSIEURS,

Vous nous avez fait l'honneur de nous confier ce RAPPORT *sur la désaffectation des fortifications*, comprises entre la basse Seine et la porte Champerret. En conséquence, permettez-nous de soumettre à l'appréciation du Conseil, l'utilisation de ces terrains de la façon suivante :

1° De la Seine à la porte Molitor, c'est-à-dire du quai d'Auteuil à la rue Molitor. Cette partie n'a pour nous aucun intérêt, comme nous l'avons dit plus haut ;

2° De la porte Molitor à la porte de Neuilly, partie longeant le bois de Boulogne. Nous avons prouvé, croyons-nous, que personne n'y avait plus de droits que la Ville. Cette partie doit nous revenir et nous en réclamons inexorablement la libre disposition, sans condition. Elle fait partie intégrale et intégrante du domaine de la Ville, et nous avons, pour nous appuyer dans nos prétentions, la parole d'un Ministre ;

3° De la porte de Neuilly à la porte des Ternes. Cette partie serait affectée à l'édification d'un palais des sports. Ce palais serait par sa destination et par son emplacement, un nouvel embellissement pour la ville de Paris ;

4° De la porte des Ternes à la porte de Villiers. Cette partie est affectée à la construction du nouvel hôpital Beaujon, c'est-à-dire, à un bâtiment à la disposition de la Ville et de l'Assistance publique ;

5° De la porte de Villiers à la porte Champerret. Ce terrain pourrait être consacré, en tout ou en partie, à la construction des annexes (service des maladies contagieuses, etc.), de l'hôpital Beaujon.

Tableau comparatif des villes de France.

NOMS.	POPULATION.	SUPERFICIE. hec. ar. c.	ESPACES LIBRES voirie. hec. ar. c.	ESPACES LIBRES promenades. hec. ar. c.	CIMETIÈRES. hec. ar. c.	TOTAL. hec. ar. c.	MORTALITÉ. 0/00	OBSERVATIONS.
Paris...........	2.700.000	7.802 » »	3.950 58 86	900 96 96	320 » »	5.171 65 82	22,8	
Rouen...........	118.459	1.978 » »	164 » »	58 » »	40 » »	259 » »	25,5	Cimetière intérieur.
Roubaix.........	121.017	1.984 50 41	160 73 67	36 17 52	10 74 21	207 65 40	?	Cimetière intérieur.
Limoges.........	88.597	600 » »	115 95 64	25 01 75	18 30	159 27 39	20,10	Cimetière extérieur.
Bordeaux........	231.947	3.546 » »	477 » »	27 » »	26 50	520 » »	25	Cimetière extérieur 24 hect. / Cimetière intérieur 26 h. 50.
Grenoble........	73.022	1.765 39 97	38 » »	76 » »	8 50	122 50	15,68	Cimetière intérieur.
Nancy...........	108.949	1.405 95 »	144 77 46	45 94	20 15 01	210 86 01	21,55	2 cimetières intérieurs.
Lille...........	204.011	714 » »	135 » »	98 » »	37 50	270 50	20,39	Superficie totale: Banlieue 987 hectares. Fortifications 308 hectares. Cimetière extérieur 2.069 hect.
Le Havre........	139.196	1.046 » »	151 » »	8 » » bassins: 120 » » bois voisin 200 h.	22 » »	279 » » 150 h. sans les bassins.	23	Cimetière extérieur. Bois voisin 200 hectares.
Amiens..........	90.920	900 » »	120 » »	30 » »	33 21 26	183 21 26	18,50	Cimetière extérieur.
Boulogne-sur-Mer	51.201	576 72 51	62 18 »	12 90 »	25 » »	100 08 »	20,85	Cimetière intérieur 40 hect. / Cimetière extérieur 15 hect.
Orléans.........	67.311	2.105 » »	127 06 60	»	19 » »	145 06 60	20,68	Cimetière extérieur.
Versailles......	54.820	580 » »	124 73 82	1.925 » »	17 80 »	2.067 53 82	21,83	Cimetière intérieur 5 h. 43. / Cimetière extérieur 12 h. 37.
Reims...........	109.859	1.500 » »	160 » »	25 29 50	25 91 27	211 20 77	21,57	Cimetière intérieur 5 h. 86 a. 30. / Cimetière extérieur 204. 08 a. 97.
Rennes..........	74.676	4.665 51 46	31 20 34	26 10 09	24 85 68	57 30 43	23,31	Sans cimetière intérieur.

Tableau comparatif des grandes villes d'Europe.

NOMS.	POPULATION.	SUPERFICIE. hec. ar. c.	ESPACES LIBRES voirie. hec. ar. c.	ESPACES LIBRES promenades. hec. ar. c.	CIMETIÈRES. hec. ar. c.	TOTAL. hec. ar. c.	MORTALITÉ. 0/00	OBSERVATIONS.
Paris............	2.700.000	7.802 » »	3.950 38 86	900 96 94	320 »	5.171 65 82	22,8	
Londres..........	6.000.000	34.000 » » / 31.000 » »	»	4.830 »	»	»	16	
Berlin...........	2.017.173	6.349 47	3.096 33	470 67	»	3.567 » »	17,88	
Breslau..........	470.751	1.225 60	2.141 20	386 »	»	2.527 20 »	23	
Dublin...........	376.081	3.201 85 24	343 10 95	»	50 38 38	280 »	24,90	Cimetière extérieur.
Anvers...........	304.975	2.208 »	238 »	42 »	8 75	»	14,46	Cimetière extérieur.
Budapest.........	734.165	19.414 29	1.609 50	2.459.238⁴	318 17	»	»	Cimetière intér. 74 hectares. / Cimetière extér. 40 hectares. / Total.... 120 hectares.
Leipzig..........	503.637	5.726 »	»	(1).091	120 »	3.829 » »	17,34	
Prague...........	222.833	2.102 37 64	203 62 14	227 » 99	35 03 52	130 63 13	20,74	Cimetière intér. 81 a. 91 / Cimetière extér. 35 h. 03 a. 52 / Total..... 35 h 87 a. 73
Amsterdam........	561.216	4.391 90 34	1.328 63 91	72 52 »	50 67 04	1.401 15 01	13,84	Cimetière extérieur.
Vienne...........	1.937.869	17.812 47 11	1.286 02 95	917 »	221 38 58	2.203 02 95	17,44	
Naples...........	563.540	2.752 98 40	176 82 58	42 86 89	23 69 35	219 69 47	26,30	Cimetière extérieur.
Bruxelles........	190.113 (faubourgs) 587.226	1.607 82 44	140 87 38	(2) 199 08 90	46 »	385 05 28	18,89	

(1) Bois extérieur appartenant à la ville............. 280 hectares.
Bois extérieur appartenant à des particuliers..... 80
Bois publics. — Total............. 360 hectares.

(2) Bois de la Cambre, 1.240 hectares.

Tableau comparatif des grandes villes d'Europe. Renseignements reçus pendant l'impression.

	POPULATION	SUPERFICIE	VOIRIE	PARCS	CIMETIÈRES	MORTALITÉ
		h. a. c.	h. a. c.	h. a. c.	h. a. c.	0/00
Rome..........	habitants 488.453	1890 98 65	357 74 33	327 17 39	49 92 00	18 12
			Total espaces libres : 734 82 62 (plus du tiers.)			
Munich..........	538.983	8755 00 00	612 37 79	674 19 00	Intérieur : 140 70 00	20 10
			Total espaces libres : 1427 26 79 (le 1/6e environ).			
Odessa..........	483.000	471 28 25	»	15 31 68	2 14 03	20 00
				17 45 71		
Saint-Pétersbourg..........	1.248.613	10 800 00 00	1100 00 00	1080 00 00	Intérieur : 300 00 28 Extérieur : 200 08 75	21 04
			Total des espaces libres : 1800 36 75 près de la moitié			
Copenhague..........	514.054	7772 60 00	435 20 00	112 90 00	139 70 00	15 00
			Total des espaces libres : 687 80 00 (le 1/11e).			

TROISIÈME PARTIE

Historique des fortifications.

AVANT-PROPOS

Messieurs,

L'histoire de Paris présente peu de chapitres plus curieux que celui qui renferme l'historique des fortifications de cette ville, chapitre qui, jusqu'ici, n'avait pas attiré l'attention des historiens de la grande Ville. Ont-ils reculé devant pareille tâche? N'ont-ils pas eu à leur disposition des documents que nous avons réussi à mettre au jour? Nous l'ignorons (1).

Pour se faire une idée de l'intérêt de cette histoire, il suffit de jeter un coup d'œil sur la liste des orateurs qui ont pris part à la discussion et qui comprend toutes les célébrités militaires de cette époque (1818 à 1850), depuis le ministre de la guerre, maréchal Soult, jusqu'aux généraux Valazé, Demarçay, Haxo, Clauzel, Bernard, Rogniat, Subervic, Bugeaud, etc., les hommes politiques les plus en vue: de Laborde, Benjamin Delessert, Larabit, Debelleyme, Thiers, le plus célèbre d'entre tous, et enfin Vauban et Napoléon lui-même, dont le nom intervient à chaque instant dans le débat et dont les opinions sont sans cesse mises en avant par tous les orateurs.

On découvre encore, non sans surprise, le temps exigé pour prendre une résolution, les changements et les transformations que subirent les différents projets avant d'aboutir à leur mise en œuvre, et ce qu'il fallut d'études à la dernière Commission (1836 à 1840) pour présenter le projet de loi destiné à la réalisation d'un projet qui paraissait alors inexécutable en raison même de son importance.

Au reste, la comparaison seule du temps nécessité par la construction des

---

(1) Cf Lescur. C. L. *Annuaire historique universel*, 1841. Paris, 1842.

fortifications avec celui que demande leur désaffectation partielle est également digne de remarque.

L'exécution des travaux coïncidait avec le commencement de l'établissement des voies ferrées dont certaines tranchées furent utilisées par la Commission du génie.

Tous ces travaux qui paraissaient alors gigantesques, et qui l'étaient en effet, font ressortir la valeur d'un homme comme Thiers, dont le rapport de 1841 est un chef-d'œuvre de clarté et le résumé d'études approfondies qui ne laissent dans l'ombre aucun détail et ne négligent aucun côté de la question, depuis les estimations des moindres terrassements jusqu'aux prix de la main-d'œuvre et jusqu'aux secours à apporter aux blessés, victimes d'accident, pendant le cours du travail.

Un heureux hasard nous a conservé tout le dossier de l'entreprise; nous possédons les plans d'expropriation, les noms des propriétaires, les prix accordés par le jury, la valeur des terrains, etc. : rien ne nous manque.

Si, comme nous le démontrons, l'idée de fortifier Paris ne remonte pas seulement à Henri IV, mais en 1555, il n'est pourtant pas d'un grand intérêt de suivre les progrès faits par cette idée jusqu'au jour où, près de trois siècles après, cette idée prenait corps et entrait en exécution.

Mais une autre étude, plus instructive, est celle de l'opinion des différents auteurs des projets soumis à la Chambre. Tandis que les uns adoptaient les forts détachés, les autres l'enceinte continue, les autres les deux systèmes réunis ou d'autres encore, que d'affirmations nous voyons démenties par la suite des événements! Aucun parmi les orateurs ne semblait prévoir ce que l'avenir et les progrès de la science réservaient, soit à la portée des pièces d'artillerie, soit à la facilité des transports, tant du matériel de siège que de celui des troupes, et enfin nul ne pouvait deviner les révolutions ou les guerres dont nous devions être les témoins.

Et c'est le plus habile de tous ces orateurs, le plus fin et le plus avisé des hommes politiques qui, emporté par son patriotisme, déclare que « jamais les forts ne tireront sur Paris révolté, hypothèse inadmissible ». C'est celui-là même, c'est Thiers que nous verrons, trente ans plus tard, se servir des batteries du mont Valérien et de Montretout pour réduire l'insurrection, pour avoir raison d'une capitale qu'il avait lui-même fortifiée contre les ennemis de l'extérieur! Quel enseignement !

Il n'est vraiment pas besoin d'être militaire ni spécialiste pour juger de l'effet que produirait aujourd'hui, à la Chambre, un député qui, comme M. Larabit, en 1833, viendrait dire à la tribune que « tous les Français ont l'intelligence militaire » et que « la science de la guerre est moins obscure qu'on ne pense ! ».

Quels progrès depuis le moment où pareille déclaration pouvait être faite devant la Chambre sans soulever aucune interruption de la part de tous ces généraux qui avaient servi sous le grand empereur !

Ce serait une tâche au-dessus de nos forces de faire l'histoire de la défense complète de Paris au moyen des fortifications. Nous nous bornerons à la seule partie qui nous intéresse, c'est-à-dire à celle qui, depuis la porte de Villiers se déroule jusqu'au bord de la Seine sur la rive droite, autrement dit, à toute la partie de l'enceinte qui doit se trouver prochainement désaffectée dans le projet soumis au Gouvernement.

Fortifications de Paris.

Leur histoire.

Lazare écrit (1) :

Nos annales jusqu'à Henri IV démontrent que Paris pouvait être flanqué de bastions ; mais, depuis, l'imprévoyance, les obstacles et cette bravoure inhérente à notre nation avaient fini par réduire le projet de fortification de la capitale à l'état de paradoxe.

Vauban formula inutilement sur ce point des idées aussi nettes que justes. Vainement Napoléon, au retour d'Austerlitz, agita dans sa pensée profonde un plan de lignes offensives et défensives pour Paris. Sous la Restauration, en 1818, une Commission militaire fut nommée pour examiner la question : son travail n'eut aucune suite. Un premier projet de fortifications fut proposé en 1833, mais il excita des méfiances qui le firent rejeter. De nouvelles études, commencées en 1836, par une seconde Commission, furent soumises aux Chambres, en 1840, et une loi du 3 avril 1841, ordonna l'exécution de ces travaux qui consistent en une *enceinte continue*, embrassant les deux rives de la Seine et en *seize forts détachés...*

Nous interrompons ici cette citation pour relever une erreur. Les travaux des fortifications de Paris étaient commencés *dès avril* 1831, puisque dans le *Moniteur* du 11 avril de cette année, page 761, nous lisons :

(1) Collection Lazare, T. 47, Arch. de la Seine.

INTÉRIEUR

Paris, le 10 avril 1831.

Hier, 9 avril, le roi est allé visiter les ouvrages de fortification qui s'élèvent pour la défense de Paris. Depuis plus d'un siècle, on a reconnu qu'il était nécessaire de mettre cette capitale à l'abri des irruptions d'un ennemi heureux. Vauban s'en était occupé, et il en exprimait l'importance en disant que *Paris est à la France ce que le cœur est au corps.* Parmi les mesures que les événements de Juillet ont rendues nécessaires, la sûreté de Paris ne pouvait être négligée. L'élan de la nation pour la défense de son indépendance et de ses institutions, la formation de sa population tout entière en garde nationale ont dû apporter des modifications aux projets qui avaient été arrêtés jusqu'alors pour la défense de la capitale. On a dû se préoccuper de préparer non seulement une enceinte pour la défense immédiate, mais encore des positions retranchées qui puissent en défendre les principales avenues et former en quelque sorte une seconde enceinte derrière laquelle de nombreuses gardes nationales, arrivant des environs, pourraient concourir, avec les légions de la capitale, à contenir et à écarter l'ennemi, en laissant une libre action aux armées actives.

Les travaux projetés sur la rive droite de la Seine sont loin d'être achevés sur la plus grande partie de leur développement. Sa Majesté les a parcourus depuis Saint-Denis jusque sur les hauteurs de Romainville et les a visités dans le plus grand détail. Elle s'est plu à témoigner sa satisfaction à M. le général Valazé et aux officiers du génie employés sous ses ordres, pour le zèle et pour le talent qu'ils ont montrés dans le choix et le mode d'occupation des diverses positions. Le roi s'est fait rendre compte des motifs qui avaient déterminé la forme et la position des ouvrages et a ordonné plusieurs modifications et perfectionnements qui ont paru nécessaires ; il était accompagné dans cette visite par LL. AA. RR. Mgr le duc d'Orléans (1) et Mgr le duc de Nemours (2), ainsi que par M. le Maréchal, ministre de la Guerre (3) M. le maréchal Gérard, MM. les généraux Rogniat, Pajol, etc.

Partout, les gardes nationales réunies spontanément, ainsi que les maires et les populations des communes que le roi parcourait, ont manifesté le plaisir qu'elles ressentaient et ont exprimé avec énergie le vœu de défendre les ouvrages qui seraient confiés à leur patriotisme, si les circonstances rendaient jamais leur concours nécessaire.

Nous apprenons, par cet extrait du *Moniteur*, qu'en avril 1831 existaient des travaux de défense depuis Saint-Denis jusque sur les hauteurs de Romainville, que ces travaux étaient terminés et qu'ils avaient été exécutés sous la direction générale de Valazé.

Année 1833. — Dans le compte rendu de la séance du 1ᵉʳ avril 1833 (4), sur la proposition de la Commission du budget, de réduire de 2.500.000 fr. la dépense affectée aux fortifications, M. le général Subervic prend la parole et

(1) 21 ans.
(2) 16 ans.
(3) Maréchal Soult.
(4) *Moniteur*, 1833, 2 avril, p. 920.

dit « qu'avant d'enfermer Paris dans une enceinte de forteresses... [Il ne s'agit donc pas encore de l'enceinte continue] il eût été sage de soumettre cette opération à la discussion des grands corps de l'État ». [Ce qui prouve qu'alors on n'avait pas consulté les Chambres.]

Eh bien, Messieurs, la marche contraire a été adoptée, et vous n'êtes appelés, dans cette circonstance, qu'à approuver la dépense et à voter les fonds qui vous sont demandés ; on ne vous accorde même pas le droit d'en connaître ni d'en discuter l'emploi. Les sommes à fournir ne sont pas limitées ; elles peuvent être portées à l'infini.

Il n'y avait donc pas encore à cette date de projet arrêté et définitif.

Le général Subervic est opposé aux fortifications :

Toutes les fortifications du monde réunies autour de Paris ne le mettraient pas dans la position de résister huit jours devant une armée victorieuse (*Interruptions prolongées*.), et une armée telle que je l'indique n'arriverait jamais devant la capitale qu'après avoir vaincu et détruit les armées françaises. Dans ce cas, les fortifications ne serviraient qu'à préparer et à prolonger de quelques heures les articles d'une capitulation. (*Nouvelles interruptions*.)

Voix au centre : C'est précisément ce qu'on demande.

Après un rappel du président au calme, le général continue :

La raison sur laquelle je m'appuie se trouve dans l'immense population qui s'accroîtrait de moitié aux approches de l'ennemi, et que vous ne pourriez condamner à vivre longtemps au milieu des privations et des événements malheureux qui sont toujours occasionnés par un siège. Ajoutez à cela les divisions intestines auxquelles nous serions en proie, et dont je ne veux pas vous tracer le tableau. Paris donc tomberait au pouvoir de l'ennemi, et, dans ce cas, il serait à désirer qu'il ne fût pas fortifié.

Après avoir cité Vauban et Napoléon, dont les projets furent abandonnés, le général Subervic explique le projet du Gouvernement, en 1833.

Quel est son système de fortifications ? Ce n'est plus cette enceinte que Napoléon avait indiquée pour éloigner l'ennemi et mettre Paris à l'abri des insultes des partis ; ce n'est plus cette muraille qui devait assurer la tranquillité des habitants et qui ajoutait à la force morale de ses défenseurs ; non, Messieurs, c'est une ligne de forteresses, séparées l'une de l'autre par une distance d'une demi-lieue, disposées chacune à recevoir une garnison de mille hommes, et propres à effrayer, plutôt qu'à rassurer les esprits. (*Mouvements en sens divers*.)

Dans le premier projet, ces forts devaient être au nombre de trente. Aujourd'hui, on dit que ce nombre est réduit à quatorze ; mais Saint-Denis devient une place d'armes qui recevra six mille hommes et dans laquelle de grands magasins seront élevés. Saint-Denis présente un grand développement, les ouvrages en seront considérables et occasionneront une dépense de 20 à 25 millions. Le mont Valérien doit être une seconde place d'armes qui présente aussi un grand développement et qui demandera une dépense de 8 à 10 millions.

Dans le premier plan, Montmartre était indiqué comme devant être la forteresse principale. Là, on devait construire une citadelle avec une caserne pouvant recevoir six mille hommes, et des magasins pour des approvisionnements considérables. Des officiers du génie, chargés d'explorer la position, portèrent l'effroi dans les quartiers avoisinants. Ils furent entourés, questionnés par les habitants qui se pressèrent en foule autour d'eux et dont ils reçurent les plaintes. Eh bien, Messieurs, malgré ces expressions de l'opinion publique, les travaux auraient été poursuivis, si on n'eût rencontré les plus grands obstacles dans les immenses carrières qui sont au pied de la montagne, et dans lesquelles il aurait fallu jeter des fondations à cent pieds de profondeur.

Nous ferons remarquer cette profondeur d'environ 33 mètres qui effrayait les ingénieurs du génie en 1833 et qui n'a pas arrêté les architectes du Sacré-Cœur en 1874.

Le général continue en prétendant que l'ennemi pourra passer entre les forteresses détachées, que la défense sera immense, etc. Bref, que « Paris doit trouver sa défense et son salut dans ses institutions ». (*Voix diverses: Ah! ah!*), et il conclut :

Vous aurez, Messieurs, trois questions à examiner.

La première est de savoir s'il est nécessaire, s'il est prudent de fortifier Paris ;

La seconde : quel système de fortifications on adopterait si la première était résolue affirmativement ;

La troisième : quelles sommes il serait convenable d'employer à ces fortifications en consultant l'état de nos finances.

M. de Laborde, partisan des fortifications, répond au général Subervie, et, pour prouver la nécessité de fortifier Paris d'une enceinte, il dit qu'on regrette de ne pas l'avoir fait plus tôt.

Je n'en citerai que deux exemples : après les batailles malheureuses de Troyes et de Poitiers, la population de Paris tout entière, ayant à sa tête un homme de génie calomnié par les historiens, le nommé Marcel, se précipita pour fortifier ses murailles et la France fut sauvée du joug des Anglais !

M. de Laborde confond ici un traité avec une bataille ; mais aujourd'hui, après les nouvelles découvertes historiques, on peut juger en connaissance de cause son prétendu sauveur de la France (1).

La Commission du budget n'accorde rien pour Paris. Il faut, dit-elle, une loi. Mais cette loi n'existe pas. C'est par elle que les fortifications auraient dû commencer et qu'elles seraient achevées.

Mais pourquoi, alors que Louis XIII et Louis XIV décidèrent par un édit que Paris ne pourrait pas s'agrandir, pourquoi penser à le doubler, en lui adjoignant les communes environnantes : Passy, Belleville, Vaugirard, Bercy, sans consulter le Conseil de la ville et du département ?

_____

(1) Cf. le P. Denifle : *La désolation des églises pendant la guerre de Cent ans.*

Comme conclusion, M. de Laborde demande qu'on ajoute au budget de la Guerre un chapitre spécial pour les dépenses afférentes aux travaux des fortifications, évaluées à 35 millions.

M. Benjamin Delessert soutient l'amendement de la Commission tendant à supprimer le crédit de 2.500.000 francs demandé pour les fortifications de Paris.

Les principales capitales de l'Europe ne sont pas fortifiées. Pourquoi vouloir entourer Paris de fossés et de marécages qui nuiront à sa salubrité ? (*Interruptions.*) C'est un projet qui me paraît avoir tant d'inconvénients que je suis bien persuadé qu'il ne s'achèvera jamais (*Marques d'adhésion à gauche.*) et que dans deux ou trois ans, après avoir dépensé plusieurs millions, on en demandera d'autres pour combler les fossés et rétablir l'état de choses actuel.

M. Benjamin Delessert discute les projets de l'enceinte continue et des forts détachés et il cite à ce propos ce que disait, l'année précédente (1832), à la tribune, le général Lamarque :

Un moment, il est vrai, on a parlé de forts séparés, qu'on placerait sur les hauteurs qui entourent Paris, mais ce système, réprouvé par Napoléon et frappé par lui de ridicule, l'est aussi par les besoins d'économie, car il serait ruineux, et par le patriotisme inquiet des bons citoyens qui n'aiment pas à voir s'élever autour d'eux des citadelles qui pourraient devenir des Bastilles... (*Marques d'adhésion à gauche.*)

Quant à la dépense de ces forts, elle est évaluée à 40 millions, mais on sait ce que sont ces évaluations qu'il faut ordinairement doubler et tripler... Le mur actuel qui entoure Paris, et qui produisit tant de mécontentement, en 1786, qu'il fut une partie des causes de la Révolution (*Dénégation*), ce mur, dis-je, a coûté avec les barrières plus de 40 millions. Un de nos honorables collègues disait, l'année dernière, que « les fortifications de Paris seraient une dépense tout à fait inutile ; qu'il était absolument et physiquement impossible de fortifier Paris, tant soit peu régulièrement, sur un développement de six à sept lieues et que l'argent consacré à ces travaux serait de l'argent perdu et totalement perdu ».

Dans le cas improbable de l'approche de l'ennemi, on aurait recours au système adopté en 1815, de lignes continues et provisoires. Elles seront suffisantes pour intimider l'ennemi, si la population, appuyée par des barricades, est bien décidée à se défendre ; car, on l'a répété avec raison, *on n'entre et ne reste pas dans Paris malgré les Parisiens. (Marques d'adhésion.)* Les événements de Juillet en font foi, et ainsi que l'a dit notre honorable collègue, le général Demarçay, les véritables fortifications de Paris, comme de toutes les capitales, sont dans le cœur et le bras de ses habitants !

Voix à droite : Et quand le cœur manque?

M. B. Delessert s'oppose de toutes ses forces au crédit de 2.500.000 francs. Nous rappelons ici que l'excellent homme que fut Benjamin Delessert, fondateur des caisses d'épargne, a un boulevard qui porte son nom, précisément dans l'arrondissement que nous représentons, le 16e, qu'il habitait.

Le Ministre de la Guerre, Soult, rappelle que, major général de la grande armée, il avait accompagné l'empereur aux environs de Paris, en 1815, pour déterminer les ouvrages de défense qu'on y pourrait élever. Et il rappelle encore que les mêmes points que l'empereur recommandait de fortifier étaient ceux-là mêmes que la Commission de défense, instituée en 1819, immédiatement après la retraite de l'étranger, avait jugé nécessaire de fortifier. Sa délibération à cet égard fut unanime moins une voix.

Le maréchal estime 35 millions suffisants.

Ces 35 millions, Messieurs, s'appliquent à la dépense à faire, car, indépendamment des travaux qu'il s'agit d'exécuter, j'avais, dès la fin de 1830, ordonné comme point d'appui, un système de points retranchés dont la gauche s'appuyait à Saint-Denis et la droite à Nogent-sur-Marne en passant par les hauteurs de Romainville.

Cette première ligne d'ouvrages de campagne est achevée ; elle a coûté 4.400.000 francs, somme qui est indépendante, je le répète, de celle de 35 millions.

Ainsi donc, le 1er avril 1833, les fortifications, commencées sous les ordres de Soult en 1830, à la fin de l'année, s'étendaient de Saint-Denis à Nogent-sur-Marne et avaient coûté 4.400.000 francs.

Tous ces travaux ont disparu dans la suite et il n'en reste plus aucune trace aujourd'hui.

Le maréchal dit qu'il est affermi dans le système des forts détachés, une enceinte continue devant imposer à la ville des servitudes et beaucoup de gêne sans aucun avantage.

Je dis sans aucun avantage, même pour le cas de défense ; car, avec un système de ligne continue, qu'un seul point soit forcé et tout tombe comme un jeu de cartes ; tandis qu'avec un système de forts détachés l'un de ces forts peut être pris et les autres tenir encore ; c'est une guerre à n'en plus finir.

Après quelques paroles de M. Passy et du président, M. Larabit soutient les partisans des fortifications et cite les paroles remarquables de Napoléon à Sainte-Hélène :

Une grande capitale est la patrie de l'élite de la nation ; tous les grands y ont leur domicile, leurs familles ; c'est le centre de l'opinion, c'est le dépôt de tout. C'est la plus grande des contradictions et des inconséquences que de laisser un point aussi important sans défense *immédiate*.... Comment, dira-t-on, vous prétendez fortifier des villes qui ont douze à quinze mille toises de pourtour ! Il vous faudra quatre-vingts ou cent fronts, cinquante ou soixante mille hommes de garnison, huit cents ou mille pièces d'artillerie en batterie ! Mais soixante mille hommes font une armée ; ne vaut-il pas mieux l'employer en ligne ? Cette objection est faite en général contre les grandes places, mais elle est fausse en ce qu'elle confond un *soldat* et un *homme*. Sans doute, il faut pour défendre une grande capitale cinquante ou soixante mille hommes, mais non cinquante ou soixante mille soldats. Aux époques de malheurs et de calamités, les États peuvent manquer de soldats, mais ils ne manquent jamais d'hommes pour leur défense intérieure. Cinquante mille hommes défendront une capitale.... en interdiront l'entrée à une armée de trois à quatre cent mille ennemis....

La Chambre, poursuit M. Larabit, a voté plusieurs fois des fonds pour fortifier Paris, mais ses intentions n'ont pas été remplies. Dans la séance du 16 mars 1832, M. le Ministre de la Guerre déclarait positivement que tout était arrêté, qu'il n'y avait plus d'incertitude, et cependant, plus d'un an après, l'exécution de ce vaste projet n'est pas encore commencée: les fonds votés pour Paris ont été employés à Lyon et à Vincennes.

Cependant, en 1830, la première pensée de ces fortifications de Paris est venue des dangers que courait la patrie. Quand la guerre paraissait imminente, on n'a pas voulu abandonner la France aux chances d'une bataille...

Deux ans se sont écoulés et on n'a presque rien fait encore pour la défense de Paris.

Et M. Larabit, après avoir dit que « tous les Français ont l'intelligence militaire » et « jugent bien les questions générales qui se rattachent à la guerre » et que cette science est « moins obscure qu'on ne pense », avance que jamais un bombardement de Paris ne saurait être efficace, que l'ennemi ne pourrait amener un matériel de siège suffisant, qu'il ne pourrait jeter que 2 ou 3 obus par hectare de superficie, et que « s'il est obligé de rester quinze jours seulement sous Paris, il est perdu ».

Bref, M. Larabit refuse de voter les fonds, non pas pour empêcher de fortifier Paris, mais pour obtenir une loi spéciale.

M. Debelleyme présente un amendement ainsi conçu :

« La capitale ne sera fortifiée qu'en vertu d'une loi. »

Et il le présente « comme député de la Seine et comme président du tribunal » parce que toutes les expropriations viennent au tribunal de la Seine.

Le colonel Lamy rappelle qu'en 1831 et en 1832 la Chambre a voté un crédit spécial pour les fortifications de Paris (1).

Séance de 1833, 2 *avril.* — M. Debelleyme développe son amendement.

---

(1) *Moniteur*, 1833, 1er avril.

Si le colonel Paixhans vote pour les travaux, contre l'amendement, le général Demarçay vote pour le rejet de toute allocation et contre l'amendement : « Le système de fortifications doit être rejeté à l'instant même comme étant d'une exécution dangereuse. »

Le maréchal Soult, Ministre de la Guerre, rappelle sa lettre au Préfet de la Seine, du 9 décembre 1830, peu de jours après son entrée au Ministère :

Monsieur le Préfet, le Gouvernement ayant résolu d'élever des fortifications pour la défense de Paris, je vous annonce que je charge les officiers du génie de la direction de Paris, sous l'inspection d'un officier général de cette arme, de commencer incessamment les travaux que nécessite l'exécution des projets que le Comité des fortifications a soumis à mon approbation...

La mesure importante de fortifier Paris ne doit pas alarmer les citoyens de cette capitale...

Il ne s'agit point de mettre Paris en état de soutenir un siège par une enceinte continue qui pourrait gêner les habitudes des citoyens et froisser leurs intérêts ; il s'agit seulement d'occuper les hauteurs dominantes et les principaux points autour de Paris par des ouvrages de quelque importance, à portée de canon les uns des autres. L'enceinte actuelle de Paris pourrait être crénelée. Les ouvrages armés de canons de gros calibre seraient destinés à arrêter les colonnes de l'ennemi, et l'enceinte, en arrière, servirait à intercepter les partis ennemis qui réussiraient à se glisser entre eux.

Le même jour, 9 décembre 1830, des ordres furent donnés, en conséquence, à l'officier général qui était chargé de la direction de ces travaux et qui les fit exécuter d'après les bases arrêtées.

Le Ministre ajoute : « Les ouvrages déjà exécutés sur les hauteurs de Romainville, de Noisy et de Nogent sont très bien entendus ; mais ces ouvrages manquent entre eux de liaison. »

La loi de finances du 16 octobre 1831 accorda un premier crédit de 5 millions pour les fortifications de Paris ; la loi de finances de 1832 accorda un second crédit de 2.500.000 francs pour le même objet.

Le ministre demande le crédit et prend l'engagement qu'une loi sera très incessamment proposée à la Chambre.

M. Odilon Barrot. — Il résulte que nous avons dépensé d'abord 5 millions, puis 2 millions 500.000 francs sans qu'il y eût de plan arrêté, sans que la Chambre sût qu'il s'agissait de fortifications permanentes, sans qu'elle connût la totalité de la dépense, sans qu'elle connût d'une manière fixe la durée des travaux...

« Nous devons, dit en terminant l'orateur, procéder dorénavant par voie législative et non incidemment par un article du budget. (*Voix à gauche : Très bien ! très bien !*)

Le maréchal Soult fait quelques observations et ajoute :

« Quant à la durée du temps nécessaire pour l'exécution de cet ouvrage patriotique (le système des forts détachés pour 35 millions), je crois pouvoir assurer qu'il serait terminé dans l'espace de cinq à six ans ; tout dépendrait des fonds que la Chambre accorderait. »

Le général Clauzel :

« Comme général, je donnerai la préférence au système de fortifications par ligne continue et je repousserai, par conséquent, le système de la fortification par postes détachés. »

La Chambre finit par voter les cinq douzièmes de 2.500.000 francs, soit 895.000 francs pour continuer les travaux commencés des fortifications de Paris.

Dans une lettre du 13 avril 1833, le capitaine au corps royal du génie, chargé des projets du mur d'enceinte de la capitale, Ch. Liadières, proteste contre les attaques de l'opposition.

L'épaisseur de mur sera portée à un mètre soixante centimètres ; 35.000 créneaux seront disposés sur le développement du périmètre et les flanquements en seront assurés par 65 tours bastionnées, armées chacune de 5 pièces d'artillerie.

...Les forts détachés ne sont dirigés que contre les ennemis extérieurs et la liberté n'a rien à craindre d'un système dont une partie se tournerait contre les oppresseurs.

Séance du 22 avril 1833. — Le colonel Lamy a la parole :

Messieurs, la Commission chargée d'examiner le projet de loi relatif aux fortifications de Paris m'a confié le soin de vous soumettre le résultat de ses travaux.

Voici les questions à résoudre et les réponses de la Commission :

Est-il utile de fortifier Paris ? Majorité de la Commission : Oui.

Le moment est-il opportun ? Majorité de la Commission : Oui.

Le système proposé conduit-il au but qu'on veut atteindre ? Oui.

Les dispositions financières relatées dans le projet de loi sont-elles satisfaisantes ? Oui.

Répartition des 35 millions demandés :

Achat de terrains...	2.400.000 fr.
Construction de 12 forts et 3 redoutes	25.510.000 »
Organisation de l'enceinte de sûreté	2.090.000 »
Mont Valérien..	2.000.000 »
Saint-Denis..	3.000.000 »
Ensemble.........	35.000.000 fr.

(1) *Moniteur* 1833, 14 avril, p. 1045, 1046.

8

La Commission présente l'article additionnel suivant : « Les fortifications à élever autour de Paris seront construites selon le système indiqué au plan d'ensemble annexé à la présente loi. »

Il ne faudrait pas croire que les travaux commencèrent immédiatement. Il faut attendre jusqu'en 1836, 29 avril, qu'une nouvelle Commission soit nommée et encore les travaux ne commencent-ils sérieusement qu'en 1840, au mois de septembre. Nous lisons, en effet, à cette date, 13 septembre 1840 (1).

Le Gouvernement vient de désigner le lieutenant général Dode de la Brunerie, président du Comité des fortifications, et sous ses ordres le général du génie Vaillant, les colonels Dupau, d'Aigremont, Noizet pour diriger les travaux des fortifications de Paris.

Le système de fortification adopté est celui qui a été proposé par la Commission de défense générale, nommée le 29 avril 1836, composée d'officiers généraux de toutes armes. Elle a terminé et présenté son travail le 16 mai 1840.

D'après ce système, une enceinte régulièrement construite, avec bastions, escarpe de maçonnerie, fossés, glacis, comprendra Paris et ses faubourgs, et pourrait renfermer le triple des surfaces actuellement bâties. Elle suivra à peu près la ligne que devaient occuper les forts détachés dans l'un des plans antérieurs. Elle n'apportera aucune altération aux circonscriptions administratives, ni à la liberté des communications actuellement existantes. Elle sera protégée contre les batteries de l'ennemi par des ouvrages extérieurs, tous plus éloignés de Paris que le fort de Vincennes. Ces ouvrages formeront la première ligne de défense et tiendraient l'ennemi à une distance suffisante pour rendre impossible l'action des projectiles incendiaires.

Ce plan, qui réunit les avantages attachés aux divers systèmes proposés par les hommes de l'art, est antérieur de plusieurs mois aux événements actuels. Il résout les principales difficultés, met Paris à l'abri de tout danger extérieur, rend surtout un siège impossible, en ôtant à l'ennemi tout espoir quelconque d'emporter un si vaste ouvrage. Il est destiné à exercer sur la politique de la France une influence considérable, car il met le pays à l'abri du plus grand danger qui puisse le menacer dans un cas de guerre générale. Il formera avec les beaux travaux déjà exécutés à Lyon deux grands centres de résistance sur les deux points les plus importants du territoire. En donnant une immense force à la France, il augmente les chances de paix et diminue les chances de guerre.

Dans le *Moniteur* du 18 septembre 1840 (2), on lit : « Dès hier (17 sept.), les soldats et les officiers du génie, actuellement en garnison à Vincennes et à Saint-Denis, ont commencé à faire les tracés des plans au Mont-Valérien, au nord de Saint-Denis, à Noisy-le-Sec, à Fontenay, à Rosny et à Nogent-sur-Marne.

Les premiers travaux de terrassement vont, à ce qu'on assure, commencer lundi sur les terrains déjà expropriés et qui sont affermés avec la clause formelle que la jouissance des locataires discontinuera immédiatement après une simple déclaration du Ministre de la Guerre. Or, cette déclaration est déjà faite à Saint-Denis, au Mont-Valérien, à Rosny et à Nogent (3).

(1) *Moniteur* 1840, 13 septembre, p. 1949.
(2) *Moniteur*, 18 septembre 1840, page 1983.
(3) Journal *le Temps*, 18 septembre 1840.

L'immense remblai établi depuis les Batignolles jusqu'à la côte d'Asnières, pour le passage du chemin de fer de Paris à Saint-Germain, va être utilisé par le génie : c'est un retranchement tout fait.

A la Hutte au Garde de Montmartre, on poursuit la route de grande communication.

Enfin, à Saint-Denis, à Pantin, à Noisy, à Fontenay, à Rosny, à Nogent, à Charenton, on fait des dispositions de campement. Tous ces préparatifs dureront environ quinze jours (1).

1840, 26 septembre (2). — Saint-Denis. Chacun des jours, les soldats du génie, avec leurs officiers, sont occupés à lever les plans de la ville et des environs, pour ensuite dresser le plan général des immenses fortifications qui vont entourer de toutes parts cette ville, sentinelle avancée, chargée de garder le bas de la rivière et le point de jonction des canaux Saint-Denis et Saint-Martin avec le fleuve.

En avant de Saint-Denis se trouvent des hauteurs qui seront couronnées de redoutes. Le château d'Écouen, appartenant au duc d'Aumale, bâti par le célèbre Anne de Montmorency, connétable de France, au xvie siècle, dominant une plaine immense et des passages très importants, va être fortifié. Il n'y a que très peu de travaux à faire pour le rendre de bonne défense vu son admirable situation.

Mont-Valérien. — On coupe le bois qui environne le couvent situé sur le sommet (3).

1840, 9 octobre (4). — Le *Moniteur* donne les prix de la journée de chaque classe d'ouvriers employés aux fortifications :

Terrassiers	2 50 à 3 fr.
Manœuvres 1re classe	2 25
— 2e classe	2 »
Limousins	3 50
Maçons (poseurs)	4 »
Tailleurs de pierre	4 »
Aides-maçons	2 25
Charretiers	3 »

Défense aux entrepreneurs de sous-traiter pour la main-d'œuvre.

Droit de faire travailler le dimanche et les jours de fête et d'organiser un travail de nuit payé un quart en sus du travail de jour.

1840, 28 octobre (5). — Adjudication à l'Hôtel de Ville, hier, (27 octobre) des travaux entre le parc de Neuilly et le bois de Boulogne et entre le bois de Boulogne et la basse Seine.

Portion de l'enceinte entre le parc de Neuilly et le bois de Boulogne, évaluée 1.200.000 fr. par MM. Lemarié et Bouchat, avec un rabais de 7,25 0/0.

---

(1) Journaux : *le Commerce, le Temps*, septembre 1840.
(2) *Moniteur*, 26 septembre 1840, page 2006.
(3) Journal *le Commerce*.
(4) *Moniteur*, 1840, 9 octobre, p. 2090.
(5) *Moniteur*, 1840, 28 octobre, p. 2165.

Hier, 23 septembre, il y a eu à Clichy une réunion d'entrepreneurs de travaux pour l'établissement d'un camp baraqué destiné à loger 15.000 hommes.

THIERS

Nous allons voir entrer en scène celui qui, dans cette bataille dont l'issue fut à un moment donné très douteuse, suivant la remarque d'Henri Heine, décida l'affaire.

M. LE PRÉSIDENT (1). — Maintenant, la parole est à M. Thiers, rapporteur de la Commission chargée d'examiner le projet de loi relatif aux fortifications de Paris.

M. THIERS, *rapporteur*. — Messieurs, j'apporte à la Chambre le projet de loi relatif aux fortifications de Paris. Ce rapport est *très long* et peut-être la Chambre aimerait-elle mieux le lire imprimé. (*Interruptions : Lisez! Déposez! la lecture! Lisez les conclusions! Non, non! Le rapport dans son entier!*)

Ce rapport remplit douze colonnes et nous y renvoyons les lecteurs qui désireraient le connaître en entier : il en vaut la peine.

Après avoir parlé des bruits de guerre qui avaient couru quelque temps auparavant :

« Il est possible, ajoute Thiers, que la situation dans laquelle Paris peut être menacé renaisse encore. Depuis la Révolution jusqu'en 1815, elle s'est produite six fois ; six fois l'Europe s'est réunie contre la France. »

Paris n'est qu'à 60 lieues de la frontière nord.

« Mais ce Paris, cette tête de la France, qui répand sur l'Europe ce torrent de pensées nouvelles exprimées dans un langage entendu de tous les peuples, ce Paris qui remue le monde, ce Paris placé tout près de la frontière, il suffit de faire quelques marches pour le frapper. Ce Paris qu'on veut frapper, il faut le couvrir. »

C'est une erreur de croire que Napoléon n'a pensé à fortifier Paris qu'en 1814 ; il y pensait en 1806, après Ulm, quand il traversait Vienne restée ouverte, pour courir à Austerlitz. Mais il eut la crainte d'inquiéter les habitants, et l'incroyable rapidité des événements l'empêcha de donner suite à cette grande pensée. (*Mémoires*, t. *IX*, p. 38). Quand il y repensa, en 1814, il était trop tard... »

Et plus loin : « Mais nous avons fait une hypothèse qui est la plus excessive de toutes : nous avons examiné s'il serait possible de procurer à Paris soixante jours de vivres pour une population de 1.300.000 âmes. Il nous a été démontré que cela était praticable.

Permettez-moi de vous dire d'abord un mot sur le chiffre de soixante jours et sur celui de 1.300.000 âmes.

_____

(1) *Moniteur* : Supplément au n° 14 du jeudi 14 janvier 1841. Séance du 13 janvier.

Jamais un ennemi ne sera soixante jours devant Paris : c'est lui, et non point Paris, qui serait affamé. On ne peut pas supposer qu'un ennemi envahisseur osât se présenter devant Paris avec moins de 200.000 à 250.000 hommes. Il lui serait impossible de se faire suivre par ses magasins sans des efforts gigantesques et impossibles, sans plusieurs armées sur ses derrières pour couvrir les routes. Il faudrait qu'il vécût sur le pays... Or, supposez trente jours d'une telle situation, supposez-en quarante et cinquante : vous arrivez à des impossibilités physiques. Un approvisionnement de 60 jours pour Paris va donc au-delà de toutes les vraisemblances.

. . . .

On se demande avec anxiété si l'enceinte contiendra en développement environ 38.000 mètres de revêtements de maçonnerie; mais Lille en contient 36.000. Nous ne nous dissimulons pas la grandeur de la dépense : elle ne sera guère moins de 69 millions pour l'enceinte et de 58 millions pour les forts extérieurs.

L'enceinte couvre une bande de terrain qui a moyennement 142 mètres de largeur et qui forme une circonférence totale de 33.165 mètres, c'est-à-dire environ 8 lieues. Cela suppose 4.962.641 mètres carrés à acheter. *Il faut défalquer les terrains du bois de Boulogne et du parc de Neuilly que le roi a donnés;* il faut ajouter les terrains qu'exigeront les établissements militaires; cela conduit à 4.640.141 mètres carrés ou à 464 hectares de terrain à acquérir :

Achat de terrain...	13.808.700 fr.
Terrassements	9.079.187 »
Maçonnerie...	43.103.094 »
Total	65.990.981 fr.

En chiffres ronds :

Enceinte..	69.100.000 fr.
Forts extérieurs..	58.600.000 »
Total	127.700.000 fr.

à ajouter :

Frais généraux, outils, gérance, etc.	1.500.000 fr.
Baraquements...	3.800.000 »
Chiffre définitif..............	133.000.000 fr.

En 1831, 1832, 1833, on travailla à la défense de Paris avec des fonds annuellement votés par les Chambres.

Les gens de l'art, frappés de la difficulté d'enceindre de murailles une ville comme Paris, préférèrent l'entourer d'une ceinture de petites forteresses.

Deux généraux d'un haut mérite et d'un patriotisme incontestable, les généraux Bernard et Roghiat, étaient de cet avis; mais, au contraire, l'illustre général Haxo était d'un avis contraire, Haxo, l'un des premiers officiers du génie de notre temps. Le général Valazé partageait son opinion.

« Imaginer que des ouvrages de fortification quelconques peuvent nuire à la liberté et à l'ordre, c'est se placer hors de toute réalité. D'abord, c'est calomnier un gouvernement quel qu'il soit de supposer qu'il puisse un jour chercher à se maintenir en bombardant sa capitale. (*Sensations diverses. — Mouvements d'assentiment.*) Quoi ! après avoir percé de ses bombes la voûte des Invalides ou du Panthéon, après avoir inondé de ses feux la demeure de vos familles, il se présenterait à vous pour vous demander la confirmation de son existence! Mais il serait cent fois plus impossible après la victoire qu'auparavant ! (*C'est vrai! c'est vrai!*)

D'ailleurs, plaçons-nous dans la réalité. Nous avons de tristes souvenirs de guerre civile, nous pouvons nous les rappeler. Le Gouvernement a eu des désordres à comprimer. Est-il allé placer des batteries incendiaires dans l'une des positions dominantes de Paris pour tirer à toute volée sur les quartiers occupés par la rébellion ? Non, il est allé droit au désordre, il l'a combattu corps à corps et lui a enlevé une a une les barricades qu'il avait construites. S'il avait agi autrement, les factieux seraient devenus maîtres de Paris. (*C'est vrai! c'est vrai!*)

« En un mot, pour comprimer une émeute même sanglante, il ne faut pas de forteresse. (*Très bien! très bien !*)

« Grâce à la ligne des forts détachés distants de 2.000 à 7.000 mètres, « Paris ne peut plus être bombardé »; or, c'est le plus menaçant danger pour une grande population. Tel qui voudrait bien se défendre à outrance quand il serait exposé de sa personne seulement, n'en aurait plus la force quand il saurait sa femme, ses enfants exposés aux éclats des bombes et des obus ! » . . . . .

« Sur tous les points essentiels, nous avons été toujours d'accord entre nous et avec le Gouvernement.

« L'Europe et le monde nous regardent, car jamais plus grande entreprise ne fut proposée à un grand peuple (1). »

1841, 21 janvier (2). — M. de Golbéry est opposé au projet des fortifications, et voici les conclusions de son long discours :

« Quant à moi, je ne puis me décider à voter ce vain amas de pierres, qui serait, non la terreur, mais la risée de l'étranger. » (*Murmures.*)

M. le marquis de Chasseloup-Laubat, après avoir développé la nécessité du projet, termine sa harangue par cette déclaration :

« Je n'hésite pas à la voter (la dépense) parce que je veux, avant tout, la grandeur, l'indépendance, la sécurité et la dignité de mon pays ; parce que je les veux à tout prix. » (*Marques nombreuses d'assentiment.*)

---

(1) Thiers n'avait pas encore écrit cette phrase :
« Il n'y a qu'un véritable législateur dans les temps modernes — c'est l'expérience. »
(2) *Moniteur*, 1841, 22 janvier, p. 162-184.

M. de Lamartine est franchement opposé au projet. Il craint, dit-il, les hommes que M. de Tocqueville a stigmatisés d'un mot : « Les barbares de l'intérieur ! »

Oui, je repousse ce projet insensé et il n'y a pas une réflexion qui ne le repousse avec moi quand il aura été mieux réfléchi.....

La force de la France, elle n'est pas dans les murailles de Paris : la force est dans son peuple, dans son soldat.

A dater de l'empereur, il n'y a plus de grandes armées. Quand la victoire a décidé entre deux masses (armées) pareilles où la nation a résumé toutes ses finances, tous ses armements, tous ses soldats, tous ses canons, tous ses généraux, tout son enthousiasme, que signifient les débris ?

La destinée n'a pas de lendemain. Moscou brûle et l'on recule jusqu'à Leipzig, Leipzig succombe et l'on recule jusqu'à Paris. Waterloo manque et sur quoi recule-t-on ? Jusqu'à Sainte-Hélène, jusqu'à ce tombeau qui vous a rendu son idole et qui devrait au moins vous rendre ses leçons.

On ne peut pas nourrir et contenir une ville de 1.500.000 âmes, et Paris assiégé, c'est le gouvernement renversé et la France saisie au cœur ! Qu'est-ce donc au fond pour l'Europe ? Une capitulation avant la bataille. Personne ne s'y trompe ! 500 millions pour cela ? C'est trop stupide pour une vérité, c'est trop cher pour un mensonge. Je le repousse (le projet) au nom du bon sens, de la dignité, de l'humanité et de la liberté de mon pays. (*Marques d'approbation.*)

L'orateur, descendu de la tribune, y remonte pour s'écrier :

« Regardez l'Europe ! Vous êtes au ban du monde civilisé, du monde monarchique. La Révolution, dont vous êtes le peuple, n'a que des ennemis implacables ; partout on veut venir l'étouffer dans son foyer le plus lumineux, le plus détesté, défendez-la ! Elevez-lui un asile de fer et de bronze où elle soit à jamais inviolable aux haines coalisées qui la poursuivront jusqu'au lieu de son berceau ! Que Paris fortifié soit la citadelle de la liberté dans le monde ! Que Paris crénelé soit le réduit de la Révolution ! C'est le mot. Vous êtes en 92, le rapport le dit.....

« ... Encore une fois, je repousse votre projet ! (*Très bien ! très bien !*)

M. Carnot vient repousser à la tribune l'opinion émise par M. de Golbéry qui prétendait que Carnot, son père, consulté par l'empereur, aurait répondu : « La fortification de Paris exige 200 millions, trois années de travaux, et après cela il ne faudra que 60.000 hommes de bonnes troupes et vingt-quatre heures pour l'achever. »

Non, Carnot préférait n'entourer Paris que d'un fossé avec un simple retranchement pour le défendre contre un coup de main

Tel fut le système qu'il développa devant Napoléon, lorsqu'en 1815 il fut consulté par lui. Carnot insista pour que la rive gauche ne fût pas dégarnie ; mais l'empereur répondit : « Je ne crains rien de ce côté ; jamais les ennemis ne viendront attaquer Paris par la plaine de Montrouge. » On sait ce qu'il advint de cette prophétie. (1).

M. Thiers, *rapporteur*...

J'ai dans les mains les fragments d'un mémoire de Carnot... ; j'y trouve tout au long que le véritable motif qui lui a fait abandonner, en 1815, la défense de Paris, c'est que Paris ne pouvait pas fournir, dans l'état où il était, une défense sérieuse et suffisante. (*Sensation*.)

1841, 22 janvier. — M. Monier de la Sizerane est pour le projet. Il cite l'opinion du général Haxo, qui, malheureusement est mort trop tôt (1838), et qui est le régénérateur, après Vauban et Napoléon, du système qui domine dans le projet de la Commission.

... Fortifier Paris, c'était, selon lui, doubler les forces ordinaires de notre armée, et les doubler ainsi, n'est-ce pas, en temps de paix, pouvoir sans danger en réduire et l'effectif et les dépenses, surtout lorsque vous aurez par une loi (et je remercie M. le Président du Conseil d'en avoir apporté une hier) (2), lorsque, dis-je, vous aurez organisé une réserve militaire...

Eh bien, depuis quelque temps, la France est descendue. (*Murmures. Quelques voix à gauche : Oui, oui.*) Je ne sais comment je dois interpréter cette interruption. (*Bruit.*) Veut-on nier que la France soit descendue, ou bien pense-t-on qu'il est mal de le dire ? (*Rumeurs diverses.*)

Et l'orateur rappelle que, récemment, le Ministre actuel des Affaires étrangères parlait aussi à cette tribune de l'abaissement de la France. Il s'agissait, ce jour-là, de l'évacuation d'Ancône...

Cet état de choses — arrogance de ses envieux et refroidissement de ses alliances -- est amené par un fatal enchaînement de circonstances, qui commence à l'évacuation d'Ancône et qui finit à l'abandon du pacha d'Égypte. (*Marques d'adhésion.*)

... Je vote pour le projet de loi de la Commission. (*Très bien !*)

M. Pagès (de l'Ariège) fait le tableau politique de la France, et réclame pour le Midi sa part du combat.

---

(1) En 1359, l'armée anglaise avait campé sur les hauteurs de Montrouge et de Vaugirard. En 1815, Blücher, arrivé à Saint-Denis, laissait les Anglais dans la place et s'en allait franchir la Seine au pont du Pecq, resté debout, non par trahison, mais par l'impardonnable négligence des habitants, et les Prussiens attaquaient sur la rive gauche. Exelmans remportait un succès près de Rocquencourt sur les Prussiens et ramenait à Paris 1.000 prisonniers, et Vandamme battait une division anglaise presque au même moment sur l'emplacement occupé par les Anglais 450 ans auparavant.

(2) Loi déposée le 21 janvier 1841.

Depuis dix ans, l'art des chiffres est le langage du mensonge. Le Midi veut combattre... il ne veut pas qu'après la capitulation de Paris on aille briser l'épée de Fontainebleau, et l'épée de l'armée de la Loire, et l'épée de l'armée de Soult, et l'épée de l'armée de Suchet et les portes de toutes les places de guerre. Il ne veut être trahi, trompé, vendu par personne, ni pour personne.

La France est seule en Europe. En 1830, les peuples eurent foi, toutes les espérances furent déçues. L'expérience est faite : les liens sont rompus. En 1840, notre influence est éteinte en Espagne ; l'Égypte et la Syrie savent ce que valent nos promesses ; à Buenos-Ayres, nous en finissons coûte que coûte ; à Londres, nos ministres et nos ambassadeurs regardent sans voir, parlent sans être crus (*Rumeurs*) et laissent se reformer contre nous cette alliance qui nous coûta quarante ans de guerre, et que la Révolution de Juillet semblait avoir à jamais rompue...

... En face de l'ennemi, il n'est que trois espèces d'hommes pervers : les transfuges, les traîtres, les lâches ! (*Très bien ! très bien !*)

Si l'attaque et la défense sont régulières, Paris n'ira pas se défendre jusqu'à l'heure fatale où il serait contraint de se rendre à discrétion.

Quel est donc l'objet de la loi ? De permettre à l'armée de se rallier et de débloquer Paris. Mais si l'armée ne peut se rallier, mais si l'armée ralliée est battue une seconde fois, Paris n'est-il pas invinciblement livré à la merci du vainqueur ?

Toutes ces extrémités sont tellement effrayantes que ni prince, ni général ne voudront en affronter le péril. On le voudrait en vain, Paris, lui-même, n'y consentirait pas.

Les forts, les remparts, ne pourront servir alors qu'à un dernier et déplorable résultat ; ils n'auront été élevés que pour rendre une capitulation plus facile, pour servir de transition d'un gouvernement à un autre, pour assurer, par un traité, la fortune des traîtres et des spoliateurs du peuple, les places et les emplois des ambitieux. Tous ces transfuges, se traînant d'un pouvoir à l'autre, livreront la France flétrie, briseront l'épée dans des mains courageuses, achèteront par des milliards d'indemnité leur sécurité personnelle, et ces murailles, qui auront commencé par la lâcheté, finiront par la trahison.

L'orateur cite l'exemple de l'Angleterre qui, alors que Pitt voulait fortifier Londres, vit le ministère, le Parlement, la presse jeter un cri unanime contre cette mesure de lâche prudence, et Fox, Sheridan, la Chambre entière leur répondirent que l'effroi pour l'indépendance devait s'arrêter où commençaient les ombrages de la liberté.

Lord Melville fut mis en accusation et Pitt, lui-même, ne put arracher son collègue à la justice des tribunaux que pour le livrer à la mansuétude politique du Parlement.

Pitt reprit le pouvoir. Il présenta un système complet de défense. Il arma 460 vaisseaux de guerre, une flottille de 800 bâtiments, 180,000 soldats, 400,000 volontaires. Pitt était un homme d'État ; on pouvait croire à sa parole ; il sema des défiances, raviva des haines contre l'Empire, il rompit les alliances de Napoléon ; il déclara la guerre à l'Espagne, qui n'osait nous la déclarer ; il suscita contre nous la troisième coalition ; il s'achemina vers le combat de Trafalgar et força la France de s'élever jusqu'à la bataille d'Austerlitz. (*Sensations diverses. — Mouvement prolongé.*)

Le Président du Conseil, Ministre de la Guerre (maréchal Soult) :

Lorsque, sur la fin de 1830, la confiance du roi m'appela au Département de la Guerre, je

9

dus m'occuper d'abord de l'armée et de son immense administration, des places fortes, des arsenaux, des armements en général...

L'on se rappelle qu'à la suite de la Révolution de Juillet tout le monde croyait à la guerre et j'étais sans cesse excité, même au sein de cette Chambre, pour que la promptitude de mes dispositions et les assurances de mon langage, en faisant cesser les alarmes, éloignassent un danger qui paraissait imminent. (*Bruits et mouvements divers.*)

... Dès le 9 décembre 1830, j'écrivis à M. le Préfet de la Seine, alors M. Odilon Barrot, une lettre dont j'ai déjà, il y a huit ans, donné lecture à la Chambre. En voici des passages :

« Dans l'état actuel de notre législation, vous savez que le Gouvernement ne peut s'emparer d'un terrain sans qu'il n'ait payé au propriétaire le prix convenu avec lui, et, dans le cas où les deux parties ne peuvent s'arranger de gré à gré, on est obligé d'avoir recours aux mesures fort longues, prescrites par la loi sur l'expropriation forcée pour cause d'utilité publique.

« La lenteur de ces mesures judiciaires paralyserait les travaux défensifs si les propriétaires refusaient de traiter de gré à gré ; mais dans cette circonstance importante le Gouvernement peut compter sur leur patriotisme, guidé par votre zèle, et ils consentiront sans doute à des arrangements à l'amiable, moyennant une juste indemnité, soit pour l'occupation momentanée de leurs terrains, soit pour des achats définitifs.

« ... Il ne s'agit point de mettre Paris en état de soutenir un siège par une enceinte continue qui pourrait gêner les habitudes des citoyens et froisser leurs intérêts ; il s'agit seulement d'occuper les hauteurs de Paris par des ouvrages de quelque importance, à portée de canon les uns des autres.

« ... L'enceinte actuelle de Paris pourrait être crénelée. Les ouvrages armés de canons de gros calibres seraient destinés à arrêter les colonnes de l'ennemi et l'enceinte en arrière servirait à intercepter les partis ennemis qui réussiraient à se glisser entre eux.

« En avant de ces ouvrages, on fortifierait Saint-Denis et peut-être le plateau de Romainville comme position d'armée sur la rive droite qui est la plus exposée.

« *Nota.* — Il a été écrit dans le même sens et sous la même date, à M. le comte de Montalivet, Ministre de l'Intérieur, et à M. le lieutenant-général baron de Valazé, chargé de la direction supérieure des travaux de défense, et à M. le colonel Paulin, directeur des fortifications, à Paris. »

Quinze jours après mon entrée au Ministère, je saisissais le Gouvernement et le pays de cette question des fortifications de Paris. En 1840, après une interruption de plusieurs années, cette question a été renouvelée...

Après avoir examiné les lieux personnellement, des études furent faites sur les points indiqués, et sur plusieurs d'entre eux, il y eut des commencements d'exécution qui se poursuivirent jusqu'en 1834, tant que les Chambres m'accordèrent leur appui par leurs votes,

Ainsi, il fut mis successivement à ma disposition divers crédits qui donnèrent lieu aux dépenses suivantes :

En 1831...	1.973.793 fr.
En 1832...	1.787.150 »
En 1833...	373.677 »
Et pour payement des terrains achetés.....................	581.081 »
Total..................	4.715.701 fr.

Les travaux s'exécutèrent avec assez de rapidité jusqu'au moment où les craintes de guerre se calmèrent et finirent par se dissiper. Alors, les crédits cessèrent et tout disparut, plans et projets.

En 1836, la Commission de défense comprenait les lieutenants-généraux d'Anthouard, Rogniat, Charbonnel, Guilleminot, Delord, Dode, Saint-Cyr Nugues et Pelet ; les maréchaux de camp Bon de Lignim, de l'artillerie ; Daullé, du génie, et le colonel Koch, du corps royal d'état-major.

Le 5 juillet 1838, cette Commission décidait que la priorité des ouvrages à exécuter serait donnée aux forts détachés de la rive droite de la Seine, avant l'enceinte.

Après cet exposé du Président du Conseil, la discussion continue, et M. de Tracy, dans un long discours, conclut au rejet du projet. M. de Rémusat soutient le projet, tandis que M. de Mornay parle contre …

… Messieurs, les bastilles ne se construisent pas pour un jour, ni pour un gouvernement : aujourd'hui, vous êtes les maîtres d'en élever ; un moment viendra peut-être où vous regretterez de ne pouvoir les détruire,

1841, 25 *janvier* (1). — M. de la Tournelle vote pour le projet et M. Janvier contre.

M. Guizot, Ministre des Affaires étrangères :

C'est en 1818, pour la première fois, que le maréchal Gouvion Saint-Cyr a institué la première grande Commission pour la défense du territoire.

De 1818 à 1822, cette Commission a siégé, au moment où toute idée d'agression et de conquête était à coup sûr étrangère aux esprits.

En 1822, la Commission de défense a remis à M. de Latour-Maubourg, Ministre de la Guerre, son projet de système général de la défense du royaume : il comprenait les fortifications de Lyon et de Paris.

Ce projet resta quelque temps enfoui dans les cartons. M. de Clermont-Tonnerre, pendant son Ministère, l'en tira et essaya de faire adopter, non pas la totalité du projet, mais une partie importante, les fortifications de Lyon. Elles furent écartées : M. de Villèle et M. de Corbière s'y opposèrent. Un seul Ministre, M. l'évêque d'Hermopolis (2), se joignit à M. de Clermont-Tonnerre pour soutenir les fortifications. (*Hilarité prolongée.*)

La mesure fut reprise, en 1830, par M. le Président du Conseil… pendant que la politique de paix prévalait dans cette Chambre, et, c'est alors que la défense et la fortification de Paris ont été commencées par M. le maréchal Soult.

… Souvenez-vous du langage que l'on tenait en 1814 et en 1815 : ce n'était pas à la France que l'on faisait la guerre ; c'était à son Gouvernement. Langage habile, qui peut bien aisément devenir trompeur.

M. Garnier-Pagès parle alors au nom de l'opposition.

_____

(1) *Moniteur*, 26 janvier 1841.

(2) Frayssinous, évêque d'Hermopolis, Ministre des Affaires ecclésiastiques et de l'Instruction publique (1824-1828. — Ministère Villèle), mort le 12 décembre 1841, à 78 ans.

1841, 26 *janvier* (1). — M. Thiers, rapporteur, fait un long résumé. Après quelques mots du maréchal Soult, le Président, avant de mettre aux voix la discussion des articles, lit les amendements au nombre de cinq :

Deux de MM. Larabit et Portalis ;

Trois du général Schneider, de MM. Janvier et de Beaumont.

Les deux premiers sont relatifs à la succession des travaux ; les trois autres ont rapport au crédit affecté aux dépenses.

1841, 27 *janvier* (2). — M. de Beaumont (de la Somme) se prononce contre le projet, tandis que le maréchal Sébastiani se montre très ferme pour le projet de loi et contre tous les amendements.

M. Joly, qui est contre le projet : « Que voulez-vous faire de ces forts détachés soutenus avec tant d'ardeur par M. le Rapporteur, en 1833, alors qu'il était Ministre des Travaux publics ? » (Thiers.)

M. de Chabaud-Latour parle pour.

1841, 28 *janvier* (3). — Le général Arthur de la Bourdonnaye parle pour le projet et M. Janvier retire son amendement.

M. le général Schneider le reprend.

Le général Bugeaud est pour les fortifications — enceinte et forts — et contre l'amendement.

M. de Vatry est pour l'amendement ; Schneider et M. de Bussières contre.

M. de Lamartine, après avoir dit qu'on attribue souvent au même personnage des opinions différentes, — par exemple, à Napoléon — cite le *Mémorial de Sainte-Hélène* qu'il vient de consulter, volume VI, page 27. Voici, ajoute-t-il, l'opinion de Napoléon :

On a dit que j'avais conseillé de fortifier Paris ; je n'ai jamais eu la pensée de fortifier Paris, et si on me l'avait proposé je l'aurais refusé. (*Rires bruyants.*)

Lamartine fait ensuite le tableau de Paris avec 12 à 1.300.000 habitants assiégés, nourris, logés, vêtus aux dépens du Trésor public, avec des rues sans circulation, des fleuves sans navigation. Comment contenir une foule de 2 à 300.000 prolétaires sans travail ? Comment contenir le moral d'une population placée dans des conditions de turbulence et d'émotions pareilles ? Au bout de 40 jours, il y aurait 90.000 malades dans vos hospices. Voilà une population qui pour toute distraction n'aurait que des rumeurs et des nouvelles sinistres. (*Réclamations. — Violents murmures.*)

Lamartine, soutient l'amendement.

---

(1) *Moniteur*, 1841, 27 janvier.
(2) *Moniteur*, 1841, 28 janvier.
(3) *Moniteur*, 1841, 29 janvier.

M. de Rémusat parle contre l'amendement.

M. Mauguin, très mordant, taquin et spirituel, crible de traits acérés son ennemi Thiers. Son discours serait à citer en entier : il votera contre les fortifications en général et pour l'amendement.

Odilon Barrot, qui lui succède, parle contre l'amendement.

M. Dufaure, dans un magnifique discours, explique que l'amendement Schneider lie la défense de la capitale à la défense générale du royaume ; il détermine la distance à laquelle seront placés les forts avancés, distance qui n'est pas déterminée dans le projet de loi ; enfin il supprime l'enceinte bastionnée que la Commission et le Gouvernement proposent de consacrer.

En 1818, la Commission de défense générale du royaume, instituée par le maréchal Gouvion Saint-Cyr, comprenait :

Les lieutenants généraux Marescot, Andréossy, Mathieu Dumas, Vallée (aujourd'hui maréchal de France), Ruty, Guilleminot, Chambarlière, Maurcillan, Dode et les maréchaux de camp Saint-Cyr Nugues etPelet.

Le 18 juillet 1820, cette Commission n'admettait pas l'enceinte continue, mais le système de couverture par des ouvrages détachés.

Cet avis fut renouvelé le 25 octobre 1825 par le comité du génie, qui déclara que sa préférence se portait sur le dispositif des forts détachés avec le mur d'octroi actuel, consolidé, rectifié et pourvu de moyens de défense afin de former une enceinte de sûreté.

Le maréchal Soult a rappelé qu'en 1838 la même Commission émettait un avis semblable.

Suivant Dufaure, la défense de Paris est complète sans la muraille qu'on veut construire ; il votera donc l'amendement Schneider.

1841, 29 *janvier* (1). — Arago monte à la tribune pour lire son opinion qui combat l'amendement Schneider ; il est pour l'enceinte continue contre la ceinture de citadelles.

On lui a contesté ses titres pour prendre part à cette discussion toute militaire.

Ses titres ? Appelé depuis quinze ans à examiner sur la balistique les officiers du génie et de l'artillerie à leur sortie de l'École de Metz, il a fait une étude approfondie de cette branche de la science militaire.

De plus, il a pris des renseignements auprès des généraux du génie Valazé, Treussart et surtout Haxo, ses amis. A propos de la distance de 400 mètres des forts de l'enceinte, il

(1) *Moniteur*, 1841, 30 janvier. Présidence de M. Salvandy.

apprend que Cadix fut bombardé avec des mortiers qui portaient à 6.000 mètres (1), et il ajoute : De telles armes ne feront jamais partie des équipages des armées, mais il pourra s'en trouver dans les forteresses.

Vauban disait que le commandant d'une ville assiégée doit avoir tout autant de confiance dans la bonté des fortifications laissées à sa garde que dans la fidélité de sa femme. (*Hilarité.*)

M. Thiers, continue-t-il, n'admet pas que, pour faire rentrer la population dans l'obéissance, aucun gouvernement se portât jamais à bombarder les villes, à canonner les monuments. Cette illusion fait assurément honneur à son humanité, à son goût pour les beaux-arts; mais, j'en suis sûr, elle trouvera peu d'adhérents.

Et Arago cite Varsovie bombardée par Nicolas, Bruxelles bombardé par le roi de Hollande, Anvers bombardé par le général Chassé, Lyon bombardé en 1793 par Kellermann et Dubois-Crancé...

Si les forts s'exécutent, nos libertés, nos vies, nos propriétés seront à la merci de quelques milliers de gardes prétoriennes, de quelques milliers de soldats factieux. Tôt ou tard, le Gouvernement lui-même subira les terribles conséquences de son aveuglement d'aujourd'hui; il suffira de la révolte de deux régiments pour le renverser.

La révolte de deux régiments! Quelle supposition insensée!... Moi, je me rappelle qu'en 1821 deux légions, la légion de la Meurthe et celle de la Seine, avaient déjà pris jour pour marcher sur les Tuileries, lorsqu'une circonstance fortuite fit découvrir le complot.

Arago soutient que les forts détachés s'élèveraient au profit des généraux ennemis qui pourraient les occuper avec 20.000 hommes et contenir Paris, pendant que 280.000 iraient ravager les départements; du moins, c'est ce que répètent les journaux allemands qui l'attaquaient, lui, personnellement, en 1833, quand il s'opposait aux forts détachés. (*Bruit croissant.*)

... Il faut que le sentiment du devoir soit bien fort chez moi pour que je reste à la tribune... Quand je veux parler, je me procure facilement un auditoire plus nombreux et tout aussi respectable que celui-ci. (*Réclamations générales. — Interruption prolongée.*)... J'ai dit que, comme professeur, quand je veux parler, je puis me procurer un auditoire aussi nombreux, et vous n'avez pas la prétention d'être plus respectables... (*Vive interruption.*)

Voix nombreuses : Si! si!

ARAGO. — Si l'expression a blessé la Chambre, cela n'était pas dans ma pensée; je la retire sans hésiter...

En résumé, la ceinture des forts détachés me semble devoir être repoussée par la Chambre.

M. Le Peletier d'Aunay demande la parole pour un fait personnel.

Un orateur précédent a dit qu'il y avait un devoir rigoureux pour un de ses collègues de relever une phrase insérée dans le discours de l'honorable M. de Lamartine au *Moniteur*, mais cette phrase n'a pas été prononcée.

Lamartine avait dit, dans la séance du 21 janvier 1841 : « ... Paris, sous Vauban, n'avait que 200.000 âmes, et Vauban, après avoir dit que « la foule qui se jetterait dans Paris assiégé pourrait donner quelque inquiétude à la monarchie dans un autre pays, mais que la douceur

---

(1) 1823.

du peuple de Paris lui enlevait toute inquiétude à cet égard, qu'il était trop attaché à ses rois. »
(*Rire général.*)

Et plus loin : « Le roi fera une ordonnance par laquelle il sera enjoint à toutes les populations de 60 lieues de rayon, hors de Paris, de venir s'enfermer dans la capitale, moyennant
que chacun y apportera pour un an de vivres (*On rit*) et les ménagera prudemment. (*Nouveau
rire.*) Le Gouvernement aura soin de s'approvisionner d'une immense quantité de troupeaux
(sans se préoccuper de la façon de les nourrir); mais surtout il se prémunira d'une immense
quantité d'orge et de houblon, car le peuple de Paris aime beaucoup la bière. (*Hilarité
générale.*)

Voilà, continue Lamartine, « ce que Vauban lui-même appelait ses rêveries et ce que, certes,
il ne nous est pas permis d'appeler aujourd'hui d'un autre nom. C'est l'enfance, la seconde
enfance d'un homme de génie ! »

Dans la séance du 29 janvier, Lamartine fait son apologie : « La mémoire de Vauban, dit-il,
est un héritage trop précieux pour l'honorable membre qui vient de m'interpeller, car M. Le
Peletier d'Aunay est le descendant, je crois, de l'illustre maréchal Vauban. »

Après un échange de mots assez vifs entre Lamartine et Thiers, au sujet de
l'exactitude de la citation de Vauban que relit Lamartine, la parole est donnée
à M. H. Passy qui appuie l'amendement Schneider. Il est contre l'enceinte qui
serait un danger et demande pourquoi on n'a pas donné le devis de l'artillerie.

Après des explications du Président du Conseil, Ministre de la Guerre, Thiers
donne l'avis de la Commission de 1818, de 1836, de 1838 et de 1839. Le général Dode qui a mis un an, de 1838 à 1839, pour faire le rapport, dit que la
Commission condamne le mur d'octroi et demande une enceinte continue, embrassant la plus grande partie des faubourgs et se combinant avec la nouvelle
enveloppe que Paris aurait un grand intérêt à établir pour les comprendre dans
ses octrois.

Thiers combat l'amendement Schneider qu'il déclare impossible à appliquer
et il le prouve.

Les forts sont au nombre de 14, avec chacun des casernes pour
2.000 hommes en cas de guerre et 7 à 800 hommes ordinairement, et coûte-
ront 5 millions pour les casernes.

Pour l'armement, le maréchal Soult a apporté un devis de 30 millions.
Pour 2.000 pièces de canon, M. le général Tugnot-Lanoye, chargé des travaux de l'artillerie, demande 7 à 8 millions.

L'amendement Schneider est impossible et dangereux pour la capitale.

1841, 30 janvier (1). — Le général Schneider défend son amendement.

(1) *Moniteur*, 1841, 31 janvier.

Après lui, le commissaire du roi, le général Tugnot de Lanoye donne des détails sur la dépense nécessitée par le projet du Gouvernement.

D'après le général Dode de la Brunerie, chargé de diriger les travaux des fortifications, et le général comte d'Anthouard, chargé d'en déterminer l'armement, il y aura 155 fronts, 94 dans l'enceinte, 61 dans les forts détachés, à 13 bouches à feu par front, ou 2.015 bouches à feu, — en nombre rond, 2.000. L'armement de sûreté est évalué à 30.794.388 francs, soit :

Bouches à feu...	7.860.820 fr.
Affûts..	2.669.675 »
Voitures...	840.000 »
Projectiles...	4.835.983 »
Poudre et munitions.......................................	5.897.956 »
Outils de pionniers..	58.940 »
Armes portatives..	4.143.889 »
Bois, cordages, etc., pour les manœuvres.................	4.487.074 »
Total......................	30.794.388 fr.
L'armement de réserve de 300 bouches à feu est évalué à.............	2.267.949 »
Le matériel d'artillerie coûtera donc....................	33.461.687 fr.

Magasin pour le matériel........................	1.128.300 fr.	
Arsenal de construction.........................	2.800.000 »	
6 salles d'artifice à 15.000 francs.................	90.000 »	
Total.................	4.818.000 fr.	4.818.000 »
		37.478.987 fr.
33 batteries (personnel)..		6.000.000 »
Total......................		43.000.000 fr.

Après les observations de M. Thiers, le maréchal Soult dit qu'il accepte et l'enceinte continue et les forts détachés.

Une vive discussion s'engage entre le Président du Conseil, le député de l'opposition M. Billault, le Ministre des Affaires étrangères, M. Guizot et M. Odilon Barrot.

M. Dufaure soutient toujours l'amendement Schneider et critique vivement les dépenses et le prix demandé de 145 millions.

1841, 1er février (1). — Le général Paixhans fait des observations sur le chiffre de 140 millions. Nous avons, dit-il, actuellement 12.000 mètres de parapets de Saint-Denis à la Marne et 500 pièces d'artillerie, plus de 50.000 fusils et en quinze jours ces ressources pourraient être doublées.

1841, 2 février (2). — Le général Paixhans demande à être entendu par la Commission pour les détails techniques.

Sur l'article premier, M. Larabit présente un amendement qu'il développe longuement : il veut qu'on termine l'enceinte continue avant de commencer les forts détachés.

M. Denis veut, au contraire, qu'on commence par les forts.

M. Portalis demande qu'on commence et qu'on termine d'abord l'enceinte continue. Son amendement est rejeté à une grande majorité.

M. Denis retire son amendement.

M. Taillandier demande des ouvrages extérieurs à Charenton, à Saint-Denis, au Mont-Valérien.

Son amendement est repoussé.

M. Combarel de Leyval veut que la distance des ouvrages casematés ne soit pas moindre que celle de Vincennes ; amendement rejeté.

Sur l'article 2, M. Odilon Barrot soutient la simultanéité des travaux.

Un amendement de M. Delespaul sur la dépense par 4/9 et 5/9 est repoussé.

Sur les articles 5, 6, 7, M. Lherbette propose l'amendement suivant : « La ville de Paris ne pourra être classée parmi les places de guerre du royaume qu'en vertu d'une loi spéciale. »

Soutenu par M. Odilon Barrot, l'amendement est adopté. — Séance du mardi 2 février (3). — Le vote des articles est terminé.

Résultat :

Votants.............................	399.
Majorité absolue.....................	200.
Boules blanches.............	237
Boules noires...............	162
Majorité...................	75.

La Chambre a adopté.

(1) *Moniteur*, 1841, 2 février.
(2) *Moniteur*, 1841, 3 février.
(3) *Moniteur*, 1841, 3 février.

ARTICLE PREMIER. — Une somme de 140 millions est spécialement affectée aux fortifications de Paris.

ART. 2. — Ces travaux comprendront :

1° Une enceinte continue, embrassant les deux rives de la Seine, bastionnée et terrassée, avec 10 mètres d'escarpe revêtue ;

2° Des ouvrages extérieurs casematés.

ART. 3. — Les fonds affectés à ces travaux seront employés simultanément à l'exécution de l'enceinte et des ouvrages extérieurs et répartis entre divers exercices dans les proportions ci-après déterminées.

ART. 4. — La somme de 140 millions, allouée en vertu de l'article 1ᵉʳ de la présente loi, comprend celle de 13 millions formant le montant des crédits déjà ouverts sur le budget de 1840 aux Ministres de la Guerre et des Travaux publics par les ordonnances royales des 10 septembre, 4 et 25 octobre dernier.

Sur la somme de 127 millions restant à allouer, il est affecté la somme de :

35 millions pour les travaux à exécuter en 1841 ;

20 . »   »   »   »   » 1842.

La portion de ces crédits qui n'aurait pu être employée pendant l'exercice auquel elle est affectée sera reportée sur l'exercice suivant.

ART. 5. — Il sera pourvu à ces divers crédits au moyen des ressources ordinaires et extraordinaires des exercices 1840, 1841, 1842.

ART. 6. — Les dépenses opérées par le Département des Travaux publics, en vertu des ordonnances des 10, 19, 29 septembre, 4, 8 et 19 octobre 1840, seront liquidées par le Ministre de ce Département et soldées sur le crédit de 7 millions qui lui est resté ouvert jusqu'à concurrence du montant de ce crédit.

L'excédent, s'il y en a, sera, après la liquidation, acquitté sur les ordonnances du Ministre de la Guerre et sur les crédits ouverts par la présente loi.

ART. 7. — La ville de Paris ne pourra être classée parmi les places de guerre du royaume qu'en vertu d'une loi spéciale.

ART. 8. — La première zone des servitudes militaires, telle qu'elle est réglée par la loi du 17 juillet 1819, sera seule appliquée à l'enceinte continue et aux forts extérieurs. Cette zone unique, de 250 mètres, sera mesurée sur les capitales des bastions, et à partir de la crête de leurs glacis.

ART. 9. — Les limites actuelles de l'octroi de Paris ne pourront être changées qu'en vertu d'une loi spéciale.

ART. 10. — Il sera, tous les ans, rendu compte aux Chambres de l'exécution des travaux ordonnés par la présente loi.

Chambre des Pairs.

1841, 11 *février* (1). — Discours du Président du Conseil, maréchal Soult, sur les fortifications.

1841, 16 *mars* (2). — Baron Mounier, rapporteur. Il rappelle qu'en 1818 la Commission formée par Gouvion Saint-Cyr comprenait :

Le comte Dessolles, le comte Mathieu Dumas, le comte Valée, le comte Ruty, le comte Guilleminot, le comte Chambarlhac (3), le baron de Maureillaz (4), le baron Dode de la Brunerie, le baron Saint-Cyr Nugues, le baron Pelet.

Le rapport de la Commission, présenté au Ministre en 1821, fut communiqué au Comité des fortifications par avis du 1er janvier 1825.

En 1830, le Gouvernement prescrit au Comité des fortifications d'examiner les ouvrages à élever. Le Comité propose d'utiliser le mur actuel organisé pour la défense, avec 10 à 11 forts en avant (1830, 30 novembre).

Quelques ouvrages sont établis en 1831 et 1832 sur les principaux points les plus avantageux.

Un projet Valazé comprenait une enceinte bastionnée.

Un projet Bernard comprenait une chaîne de forts.

En 1833, 3 avril, un projet de crédit de 3.500.000 francs est renvoyé par la Chambre à une Commission composée de MM. d'Anthouard, Rogniat, Valée, Guilléminot, Dode de la Brunerie, Pelet, Bernard, Schramm, de Caraman, Charbonnel, baron Delort, général Lamy, de la Redorte et le colonel Koch, qui l'adopta (5).

Le rapport de la Commission fut lu à la Chambre le 22 avril et la session fut close trois jours après.

Le rapport fut remis au roi le 16 mai, et le 10 septembre le Conseil des Ministres prenait la résolution qui sert de base au projet actuel.

En résumé :

1° La Commission de 1818 propose de couvrir Paris par des ouvrages construits sur quelques points dominants.

---

(1) *Moniteur*, 1841, 12 février.
(2) *Moniteur*, 1841, 17 mars.
(3) Nommé à la Chambre des Députés : Chambarlière
(4) Nommé Maureillau.
5) Cette Commission diffère fort peu de celle de 1830, citée plus haut.

2° Le Comité des fortifications, en 1825, est d'avis que Paris doit être fortifié sans se prononcer sur le système à adopter.

3° En 1830, le Comité exprime l'opinion que le mur actuel doit être organisé pour la défense et que le projet de 10 ou 11 forts doit être étudié.

4° En 1832, le système des forts détachés doit être préféré à celui de l'enceinte continue.

5° En 1833, le Gouvernement demande les fonds nécessaires et propose de couvrir Paris avec des ouvrages construits en avant sur les points les plus favorables.

6° Continuation des travaux de la Commission en 1836 (1).

7° En 1840, la seconde Commission de défense propose d'entourer Paris d'une enceinte de sûreté et de le couvrir par des ouvrages construits en avant sur les points les plus favorables.

Mounier lit le projet à la Chambre des Pairs avec les amendements. Une longue agitation succède à la lecture du rapport.

1841, 23 *mars* (2). — Discussion générale du projet de loi à laquelle prennent part MM. le duc de Broglie, le vicomte Villiers du Terrage, le comte de Ségur-Lamoignon, V. Cousin, le baron de Brigode et le duc de Coigny.

1841, 23 *mars* (3). — Le duc de Broglie prononce un éloquent et remarquable discours :

« Il est glorieux pour la France, dit-il, d'être le seul grand pays politique libre, la seule grande monarchie constitutionnelle dont le continent de l'Europe puisse s'enorgueillir; il est glorieux pour la France d'avoir été le berceau de ces principes de justice et de raison qui pénètrent laborieusement dans les sociétés humaines. mais qui n'y peuvent porter de bons fruits qu'en répudiant l'emploi de la force et en se confiant dans l'ascendant de la vérité... Il est glorieux pour la France d'être depuis deux cents ans à la tête du mouvement des esprits et des idées, pourvu qu'elle sache le contenir par sa sagesse et le régler par son exemple. Il est glorieux pour la France que les mots de liberté, de progrès, de civilisation ne puissent être prononcés quelque part sans que tous les yeux se tournent de son côté. Mais cette gloire, Messieurs, comme toutes les gloires, il faut l'acheter au prix du danger, il n'y en a pas qui soit à meilleur marché en ce monde. (*Marques d'approbation.*)

Le duc de Broglie demande le vote du projet du Gouvernement et repousse l'amendement.

M. de Villiers du Terrage se déclare l'ennemi de toute espèce de fortifications de Paris ; il votera contre le projet de loi.

(1) Travaux omis par Mounier dans son discours.
(2) *Moniteur*, 1841, 24 mars.
(3) *Moniteur*, 1841, 24 mars.

M. de Ségur-Lamoignon soutient énergiquement le projet sans amendement.

1841, 24 mars. — M. le duc de Coigny est pour le projet ; il veut un Paris fortifié :

« Ce ne sera plus le vieux Paris humilié et courbant douloureusement la tête au souvenir de ces légions étrangères bivouaquant la nuit sur ses promenades et paradant insolemment le jour sur ses places, mais ce sera Paris régénéré, ce sera Paris, enfin, déposant sa vieille honte au fond de ses 2.000 canons et brûlant du désir de la rejeter à la face de ses ennemis. Ah ! Messieurs, je ne l'appellerai pas, mais il sera beau, le jour de la vengeance !

Le comte Molé vote ensuite pour l'amendement.

Le maréchal Soult, Président du Conseil, soutient le projet.

1841, 25 mars. — Le vicomte de Caux votera pour le projet amendé.

Le général Molitor, membre de la Commission, votera pour le projet tel qu'il est présenté par le Gouvernement.

Le comte d'Alton-Shée combat le projet de loi dans son ensemble. Il suppose que dans l'avenir, en 1850, une bataille livrée à 30 lieues de Paris met la population en émoi. Peu à peu...

« ... la portion turbulente de cette population fermente, privée de communications libres avec le dehors, elle croit qu'on lui cache des désastres ; bientôt elle en vient à une révolte ouverte avec la garnison ; des collisions sanglantes ont lieu, nous avons tout à la fois la guerre civile et la guerre étrangère. Enfin, une crainte aveugle de la famine et de l'incendie donne aux masses le courage du désespoir. Paris est pris d'assaut par ses propres habitants, et le parti vainqueur n'a d'autre ressource que de traiter avec l'étranger.

Tout ceci, Messieurs, n'est qu'une supposition.

Le général baron Pelet : La première proposition de l'enceinte continue et bastionnée a été faite par M. de Caraman, en 1837. La décision formelle de la Commission a été prise le 6 juillet 1838 et seulement confirmée le 12 mars 1840. D'après la situation de l'enceinte à 2.000 mètres du boulevard extérieur, « il est impossible que le bombardement, les fusées dont on effraye les imaginations atteignent une seule maison de la capitale ».

Le général Pelet, s'autorisant d'un ordre de Napoléon, dicté les 10 et 11 janvier 1814, qu'il lit à la tribune, vote pour le projet de loi.

1841, 25 mars (1). — Orateurs : MM. le général comte Castellane, le général vicomte Dode de la Brunerie, le duc de Noailles, Guizot, Ministre des Affaires étrangères, le duc d'Harcourt.

---

(1) *Moniteur*. 1841, 26 mars.

Le général Castellane parla contre le projet de loi qui ne lui paraît pas bon ni militairement, ni politiquement. Il votera pour l'amendement.

M. le général Dode de la Brunerie :

C'est le maréchal Gouvion Saint-Cyr qui, en 1818, créa la Commission de défense dite « Commission de 1818 », au moment où plusieurs de nos départements frontières apercevaient encore les gibernes des soldats étrangers qui avaient foulé le territoire pendant près de cinq ans.

Les Ministres de la Restauration ne crurent pas devoir ni pouvoir s'occuper de ces travaux d'une manière sérieuse, mais un Ministre de la Guerre proposa au roi et à son Conseil de fortifier Lyon.

Il était réservé au Gouvernement de Juillet de prendre les mesures de défense nécessaires sous la direction de l'illustre maréchal, président du Conseil. Les travaux furent poursuivis en 1830, 1831, 1832, 1833... Le maréchal Maison, Ministre de la Guerre, à la suite d'une proposition incomplètement présentée à la Chambre, en 1834, nomma une seconde Commission de défense et la grande question des fortifications de Paris fut de nouveau mise en discussion. La résolution, prise en 1836, fut remise au roi dans le courant de mai 1840.

Le général Dode votera pour le projet de loi et engage les Pairs à repousser tous les amendements.

1841, 26 mars (1). — Le duc de Noailles votera contre. Pour lui, la défense de Paris, comme on l'entend, est une véritable chimère. Paris fortifié est peut-être la guerre elle-même bientôt déclarée à l'Europe.

M. Guizot, Ministre des Affaires étrangères :

Si le projet n'est pas voté, le Gouvernement se trouverait profondément affaibli en France et en Europe. (*Mouvement en sens divers.*) Oui, Messieurs, en France et en Europe...

Et dans un passage de son discours le Ministre s'exprime ainsi : « Le duc de Coigny a prononcé avec une énergie douloureuse le mot de vengeance, comme s'il souffrait encore dans le bras qu'il a glorieusement perdu à cinq cents lieues de son pays. »

Après le discours de M. Guizot, la séance est suspendue.

A la reprise de la séance, le comte d'Harcourt déclare que, malgré le discours du ministre, il votera contre toute espèce de fortification.

Après une discussion au sujet de 22 millions demandés par la Commission à laquelle prennent part le général Pelet, le général Dode, le comte d'Argout, Thiers, rapporteur, la parole est donnée à M. Persil, membre de la minorité de la Commission. Il votera pour le projet sans l'amendement.

Le marquis de Dreux-Brézé, qui relève un mot de M. Persil au sujet du *prétendant* légitimiste, se fait rappeler à l'ordre.

(1) *Moniteur*, 1841, 27 mars.

— Il n'y a pas ici de représentants de Henri V, lui dit le général de Lascours, et personne ne peut parler en son nom.

Le marquis de Dreux-Brézé, qui veut répliquer, se fait rappeler deux fois à l'ordre jusqu'à ce que le Président lui retire la parole. (*Agitation.*)

Le duc de Fezensac rejette l'enceinte proposée par le Gouvernement : « Je crois l'enceinte impossible et inexécutable ! »

Le général baron Saint-Cyr Nugues votera le projet tel qu'il est présenté, « quoique, dans ma conviction, il soit à regretter qu'on ait introduit, dans l'article 3, le mot simultanément ».

Et tandis que M. Viennet vote contre le projet, le prince de la Moskowa vote pour.

Suite de la séance du 27 mars. — Orateurs : MM. Gauthier, Lebrun, baron Charles Dupin et le comte Bresson.

M. Gauthier :

L'Europe est en paix depuis 26 ans. L'expédition de 1823, en Espagne, la conquête d'Alger, l'occupation d'Ancône, la prise d'Anvers sont survenues, chose inouïe ! sans que la paix en fût même menacée.

Mais une coalition des principales puissances de l'Europe s'est récemment formée, si ce n'est contre la France, du moins dans un intérêt opposé à ceux auxquels sa politique s'était montrée favorable et cette coalition eût pu entraîner une guerre générale (1).

La fortification de Paris est vaine et inutile. Elle coûtera au moins 200 millions ! Aucune considération ne pourrait me décider à voter cette loi.

M. Lebrun dit à propos de la question d'Orient :

Un grand événement s'est accompli dans ces derniers temps : l'Orient a été réglé sans la France ; la France a été mise en dehors des conseils de l'Europe. Je vote pour la loi sans amendement.

Le baron Charles Dupin :

Je suis le vingt-quatrième orateur et personne n'a pris sur lui d'appeler la question par son nom pour la juger en elle-même : l'ordonnance du 10 septembre, qui décrète d'office la fortification de la capitale est un coup d'État....

C'est dans Paris fortifié qu'un roi d'Angleterre, Henri V, a régné jusqu'après sa mort : c'est de Paris fortifié que les Valois et les Bourbons ont été quatre fois expulsés par leurs sujets ; c'est dans Paris fortifié qu'un parlement rebelle a déplacé roi le cardinal de Bourbon sous le titre de Charles X ; c'est dans Paris fortifié que le Comité des Seize, salut public de l'époque,

---

(1) Il s'agit ici de la question d'Orient.

réalisait à sa manière l'espoir de la démagogie et pendait les principaux membres de ce parlement usurpateur ; c'est en assiégeant Paris révolté, mais fortifié, qu'un roi de France, Henri III, mourut assassiné ; c'est peut-être pour avoir assiégé Paris, Paris en proie aux horreurs de la famine, malgré quelques sacs de blé échappés à la main d'un maître, qu'un roi si français que Henri IV mourut assassiné dans Paris, tout fortifié qu'il était ; enfin, c'est de là qu'a dû fuir Louis XIV, mineur, malgré l'enceinte continue, malgré les forts de la Bastille et de Vincennes. Que dis-je, malgré les forts ! C'était la Bastille qui faisait feu sur l'armée du roi que commandait le grand Condé !

Et plus loin, à propos de l'ordonnance du 10 septembre, Dupin s'écrie :

Voilà le coup d'État de Septembre, imaginé par le Gouvernement qui s'appelait parlementaire et qui, quarante jours plus tôt, inaugurait, sur le terrain de 1789, la colonne de 1830, surmontée du Génie de la Constitution ! Mais ce Génie, par un sentiment de convenance et d'à-propos, n'a qu'un pied posé sur la colonne et s'envole vers les cieux...

Je voterai pour le projet primitif du Président du Conseil (ligue défensive de Saint-Denis à Charenton) ou pour celui de la Commission ; enfin, je voterai contre la loi, dans l'intérêt inséparable de la patrie et du roi....

Le comte Bresson :

Depuis dix ans je réside dans un pays, le plus riche, après le nôtre, en officiers distingués, d'une bravoure et d'une science souvent mises à l'épreuve (1).

Je ne m'en suis pas rapporté à moi-même ; j'ai voulu savoir ce qui se disait à côté de moi et derrière moi. Quelques-uns représentaient la mesure comme tellement gigantesque qu'ils la jugeaient inexécutable ou, si elle était exécutée, comme devant, par ses proportions mêmes, manquer son but.

... Nos crises ministérielles sans cesse renouvelées portent plus de préjudice que nous ne l'imaginons à nos relations extérieures et font du travail de nos ambassadeurs une véritable toile de Pénélope. (Très bien ! très bien !)

... Je ne suis point un homme de parti, je ne suis intéressé que comme Français dans le triomphe du projet de loi ; j'ai pu apprécier la question d'un point de vue avantageux et particulier ; j'ai reçu des impressions que le plus grand nombre d'entre vous n'a pu recevoir... ne décourageons pas les défenseurs du pays. Je n'ai jamais perdu le souvenir, et c'est un des plus vifs de ma première jeunesse, que la province à laquelle j'appartiens par ma naissance, que la Lorraine se soulevait tout entière, en 1814, sur les derrières de l'ennemi ; qu'en 1815 elle armait de nombreux bataillons et que deux fois la prise subite de Paris est venue tromper ses généreux efforts. Si ce gage de sûreté, de force, de paix même pour la France devait lui être retiré, nous porterions à notre caractère, à notre influence, à notre considération en Europe, un coup irréparable. (Marques nombreuses d'approbation.)

1841, 29 mars (2). — Orateurs : MM. le duc de Crillon, le comte d'Argout, le comte Molé, le duc de Dalmatie (Soult), Président du Conseil, le général Tirlet, le général Cubières, V. Cousin.

(1) La Prusse.
(2) Moniteur, 1841, mardi 30 mars.

Le duc de Crillon vote contre le projet de loi, mais pour le projet amendé par la Commission.

Le comte d'Argout fait remarquer que la Commission adopte le plan du Gouvernement pour l'enceinte, mais sans bastions, sans fossés, sans terrassements : elle veut une simple muraille. Quant aux dimensions, ces détails techniques ne la regardent pas ; c'est au Gouvernement seul à se prononcer.

Il votera pour le projet du Gouvernement.

Le général Tirlet prononce un discours purement militaire : il votera pour l'amendement.

Le général Cubières vote pour le projet de loi et repousse tous les amendements de la Commission.

Enfin, Cousin (1) défend le Ministère du 1er mars dont il faisait partie et qui a voté les fortifications.

1841, 30 mars (2). — Le rapporteur, M. le baron Mounier, parle, dit-il, après 30 orateurs *écoutés religieusement.*

En 1818, la Commission de défense demandait que Paris, suffisamment protégé par le mur d'octroi, fût couvert par des postes fortifiés.

En 1825, le Comité de défense demandait que Paris fût mis en état de résister à un siège dans le cas où il serait abandonné par l'armée active.

En 1830 et en 1832, le Comité se prononçait pour les forts détachés et cet avis du comité devint la base du projet de 1833, défendu par le maréchal Soult, secondé par le général Bernard, commissaire du roi.

Enfin, en 1836, une nouvelle Commission de défense fut formée, qui demandait une simple muraille d'enceinte surmontée d'un chemin de ronde crénelé avec fossés et bastions seulement là où cette disposition serait jugée nécessaire.

La discussion générale est close.

PROJET DE LOI PRÉSENTÉ PAR LE GOUVERNEMENT.

ARTICLE PREMIER. — Une somme de 93 millions (amendement proposé par la Commission, au lieu de 140)... le reste comme à la Chambre des Députés.

ART. 2 (amendé). — Les travaux comprendront :

1° Des ouvrages casematés établis sur le périmètre ayant pour points principaux : Saint-Denis, Charenton, les hauteurs d'Issy, le mont Valérien ;

2° Une enceinte de sûreté embrassant les deux rives de la Seine.

(1) Ministre de l'Instruction publique du 1er mars au 29 octobre 1840. Il fut remplacé par Villemain.
(2) *Moniteur*, 1841, 31 mars.

Le général baron Rohault de Fleury vote pour le projet sans amendement.

Le marquis de Brézé, adversaire du Gouvernement, vote contre le projet de fortifications.

M. le comte Duchâtel, Ministre de l'Intérieur, défend le Gouvernement de Juillet contre le précédent orateur. Le Gouvernement persiste à combattre l'amendement de la Commission, c'est-à-dire l'économie de 47 millions.

V. Cousin, membre du Ministère du 1er mars, vote pour les fortifications.

Je suppose, dit-il, que Strasbourg soit pris et Paris sauvé : la crise passée, l'ennemi sera obligé de rendre Strasbourg.

Faites l'hypothèse contraire : supposez Paris pris et Strasbourg sauvé, le lendemain de la prise de Paris, un traité conclu à l'Hôtel de Ville ou aux Tuileries peut enlever l'héroïque Alsace à la France, comme, en 1814, le traité de Paris lui enleva la Savoie et la Belgique, quand Carnot occupait encore Anvers et quand notre intrépide collègue, M. l'amiral Verhuell, maintenait le drapeau français sur les remparts du Helder.

1841, 31 *mars* (1). — M. le marquis d'Audiffret vote contre les fortifications de l'enceinte de Paris.

Le Ministre des Finances répond à l'orateur précédent dont les paroles font autorité en matière de finances. Une période de peu d'années suffira pour effacer les découverts et mener à fin les travaux publics qui font l'objet d'une loi spéciale.

Le comte de Montalembert veut traiter la question au point de vue politique. Il votera contre l'article du projet et pour l'amendement de la Commission.

Le comte Daru :

Les considérations générales, politiques, financières, stratégiques, me semblent maintenant épuisées. Je vote pour le projet de loi et contre tout amendement. (*Très bien!*)

Le comte de la Riboisière vote pour l'amendement et repousse l'enceinte bastionnée.

Après quelques mots du maréchal Soult, Président du Conseil, qui, au nom du Gouvernement, repousse tous les amendements, on passe au scrutin.

Nombre des votants		239
Majorité absolue et nécessaire		120
Boules blanches	91	
Boules noires	148	

(*Sensation.*)

(1) *Moniteur* 1841, 1er avril

La Chambre n'a pas adopté. (*Agitation prolongée.*) Deux autres amendements sont proposés par le général d'Ambrugeac et le général Exelmans. Ce dernier développe son amendement qui consiste en :

1° Enceinte continue de bastions en maçonnerie, etc :

2° Ouvrages extérieurs de Saint-Denis, Romainville, Charenton, Ivry, Montrouge, Mont-Valérien.

Les forts de la rive droite seront construits en maçonnerie excepté ceux de Nogent, de Rosny, de Noisy.

Ceux de la rive gauche seront en maçonnerie, mais ceux d'Ivry et de Montrouge seront ouverts à la gorge.

L'amendement est repoussé.

1841, 1er *avril* (1). — Le général comte d'Ambrugeac développe son amendement :

« Muraille d'enceinte avec chemin de ronde crénelé enveloppant les faubourgs avec bastions et fossés si le besoin s'en fait sentir. »

L'amendement est retiré. Le général d'Ambrugeac votera contre la loi.

LECTURE DES ARTICLES DU PROJET DE LOI.

ARTICLE PREMIER. — Une somme de 140 millions est spécialement affectée aux travaux des fortifications de Paris. (Adopté.)

ART. 2. — Les travaux comprendront :

1° Une enceinte continue embrassant les deux rives de la Seine, bastionnée et terrassée avec dix mètres d'escarpe revêtue ;

2° Des ouvrages extérieurs casematés. (Adopté.)

ART. 3. — Les fonds affectés à ces travaux seront employés simultanément à l'exécution de l'enceinte et des ouvrages extérieurs et répartis entre divers exercices dans les proportions ci-après déterminées.

Le général comte Castellane demande la suppression du mot *simultanément*.

M. Viennet appuie le retranchement du mot demandé par Castellane comme injurieux pour le roi.

L'amendement mis aux voix est rejeté.

ART. 4. — La somme de 140 millions comprend les 13 millions, montant des crédits ouverts aux Ministères de la Guerre et des Travaux publics, sur le budget de 1840.

Sur les 127 millions restant à allouer,

_____

(1) *Moniteur.* 1841, 2 avril.

35 millions seront affectés aux travaux de 1841 ;

20 millions — — 1842.

La portion non employée de ces crédits sera rapportée (*sic*) sur l'exercice suivant.

Un amendement de M. Mérilhou est repoussé.

Art. 5. — Il sera pourvu à ces crédits au moyen des ressources ordinaires et extraordinaires des exercices 1840, 1841 et 1842. (Adopté.)

Art. 6. — Les dépenses opérées par le Département des Travaux publics seront liquidées par le Ministre de ce Département et soldées sur le crédit de 7 millions qui lui est resté ouvert.

Art. 7. — La ville de Paris ne pourra être classée parmi les places de guerre du royaume qu'en vertu d'une loi spéciale. (Adopté.)

Art. 8. — La première zone des servitudes militaires sera appliquée à l'enceinte continue et aux forts extérieurs. Cette zone unique sera de 250 mètres mesurée sur les capitales des bastions à partir de la crête des glacis. (Adopté.)

Art. 9. — Les limites actuelles de l'octroi de la ville de Paris ne pourront être changées qu'en vertu d'une loi spéciale. (Adopté.)

Art. 10. — Il sera, tous les ans, rendu compte aux Chambres de l'exécution des travaux ordonnés par la présente loi. (Adopté.) (1)

Scrutin secret sur l'ensemble de la loi :

Nombre des votants....................................	232
Majorité..	117
Boules blanches...............................	147
Boules noires	85

Le projet de loi est adopté à la majorité de 62 voix.

Loi insérée au *Moniteur*, à la date du 3 avril 1841.

Chambre des Députés.

1841, 27 *mai* (2). — Discussion des travaux extraordinaires. — Fortifications : 20 millions.

M. Lherbette, adversaire prononcé de la loi des fortifications, reproche au projet de maîtriser Paris, au moyen des forts, par la famine et l'artillerie.

M. Ledru-Rollin, récemment élu député, reproche les travaux exécutés à Vincennes, sur lesquels la loi a fait le silence absolu : « Le canon de Vincennes

_____

(1) Ce texte est à peu près le même que celui présenté à la Chambre des Députés.

(2) *Moniteur*, 1841, 28 mai.

n'est pas dirigé contre l'invasion étrangère, il est dirigé contre les libertés de Paris ! » *(Réclamations bruyantes au centre.)*

Le chapitre 2 mis aux voix est adopté.

M. Lherbette avait proposé l'amendement suivant :

Les fortifications de Paris ne pourront être ni rester armées d'artillerie qu'en cas d'invasion du territoire ou de guerre sur la frontière.

Les forts ne pourront être fermés à la gorge que par une palissade, à l'exception de ceux du mont Valérien, de Saint-Denis, de Nogent et de Charenton.

Après quelques observations de **M.** Allard, les deux paragraphes de l'amendement Lherbette sont rejetés.

1844, 2 *mars* (1). — M. Lherbette, de l'opposition, cite, à la tribune, ce passage d'une brochure d'un officier supérieur d'artillerie prussienne, le major Blesson :

... Ainsi se développa l'idée de forts, qui, en apparence, dirigés contre l'ennemi extérieur, sont, en même temps, destinés à faire la loi à la capitale. *(Vives rumeurs.)*

Le Président du Conseil. — C'est absurde !

M. Lherbette. — C'est dit par ceux qui admirent nos fortifications : c'est là le vrai motif de leur admiration.

Le Président du Conseil. — C'est absurde, je le répète !

M. Lherbette. — Monsieur le Rapporteur vous a dit : « Pourrez-vous jamais croire qu'un Gouvernement soit assez insensé, assez cruel pour avoir recours à de pareils moyens ? C'est avec des baïonnettes, corps à corps, qu'on attaque l'émeute et non avec des boulets et des bombes qui, frappant les amis comme les ennemis, mettraient toute la population contre le Gouvernement. D'ailleurs, les Gouvernements qui bombardent les villes finissent par être chassés, chargés de l'exécration publique. »

J'avouerai que, dans de pareilles questions, les improbabilités morales ne rassurent pas. En 1830, lors du procès des Ministres, M. Villemain disait : « Trouvera-t-on jamais des Ministres qui aient l'insolence de déclarer en état de siège la capitale du royaume ? » Dix-huit mois ne s'étaient pas écoulés et M. Villemain voyait des Ministres qui avaient cette insolence. *(Très bien ! très bien !)*

« On attaque l'émeute corps à corps, avec des baïonnettes », dit M. le Rapporteur. L'émeute, soit ; mais si cette émeute paraît grandir à la grandeur d'une révolution, qui nous dit que le Gouvernement menacé, sur le point de tomber, dans ses derniers moments, n'emploierait pas tous les moyens de défense ? Il emploierait les baïonnettes si les baïonnettes suffisaient, les balles si les balles étaient utiles, et, au besoin, les canons et les bombes ! *(Murmures au centre.)* La crainte de blesser ses amis ne l'arrêterait pas... Ne parlons pas, si vous le voulez, d'Anvers, bombardé par Chassé, de Barcelone, bombardé par Espartero, mais parlons un peu de Pampelune, bombardé par un lieutenant de Marie-Christine, par O'Donnel, de Barcelone,

(1) *Moniteur*, 1844, 3 mars.

bombardé une seconde fois par les successeurs d'Espartero, par Prim, O'Donnel, M. Prim, contre lesquels ni vous, ni vos journaux, qui aviez blâmé Espartero, n'avez trouvé une parole de blâme... Et, chez nous, l'armée républicaine, en 1793, et notre Gouvernement, en 1834, n'ont-ils pas lancé des boulets sur Lyon?... Ah! prenons des mesures pour qu'à ces noms il n'y ait jamais à ajouter celui de Paris! Prenons des mesures pour que, dans la chaleur du combat, les mêmes passions qui ont allumé les feux des citadelles, ne lancent pas sur Paris les cendres mal éteintes de tant de villes incendiées. (*Sensation.*)

L'orateur demande, non pas la destruction des fortifications maintenant qu'elles sont faites, mais le renvoi au Ministère des pétitions qui protestent contre les illégalités, les violations arbitraires de la loi de 1841 et d'autres lois.

M. le colonel de Chabaud-Latour affirme qu'il n'y a pas eu d'illégalité dans l'affectation du fort de Vincennes aux réserves de munitions :

Il n'y a pas plus d'illégalité là qu'ailleurs, puisque l'on a annoncé, lors de la discussion de la loi, que ce qui concernait la cession des terrains appartenant à la liste civile serait réglé plus tard.

En effet, le roi ne peut aliéner les domaines de la couronne ; mais il a été convenu que la prise de possession par le Ministre de la Guerre, pour les fortifications, de terrains dépendant de la dotation de la Liste civile, au bois de Boulogne ou ailleurs, serait réglée plus tard par une disposition législative qui nous serait présentée.

Le colonel de Chabaud-Latour repousse les pétitions sincères, mais peu éclairées.

M. de Tocqueville demande pourquoi on a enclos de murs, à Vincennes, une surface de 22.000 mètres carrés, sinon pour y faire un véritable camp retranché, pouvant renfermer 7.000 à 8.000 hommes. Et on veut en faire autant à Saint-Maur, où on a fait un abatis sur 166 hectares. Est-ce que la loi de 1841 a autorisé cela ?

M. de Tocqueville demande des explications sur ce qui se fait à Vincennes et à Saint-Maur.

Le général Paixhans. — A Vincennes, on a fait des magasins à poudre isolés pour empêcher le danger qu'il y avait en gardant ces poudres dans le château. Et, de plus, on a logé un régiment d'artillerie, hommes et chevaux, qui n'avait pas de place, dans un terrain de 2 hectares, car 22.000 mètres carrés, ce sont 2 hectares. Voilà pour Vincennes. Quant à Saint-Maur, on y a fait ce qu'on a fait à Grenelle, au palais du roi de Rome et dans trois autres localités. A Saint-Maur, comme ailleurs, on a songé à placer l'armement des fortifications, des magasins, des ateliers, toutes choses prévues par la loi. A Saint-Maur, on pourra, si l'on veut, avoir un camp de 30.000 hommes.

Mais, après avoir répondu à M. de Tocqueville, permettez-moi de répondre à M. Lherbette sur ce que pensent les étrangers de nos fortifications.

Il vous a cité l'opinion d'un major prussien. Voyons ce que pense l'Angleterre. Non seulement il n'y a pas, en Angleterre, d'anarchistes qui s'élèvent contre les intérêts de leur pays, mais ils n'oseraient pas; (*Très bien!*) ils ne l'oseraient ni dans les journaux, ni dans le Parlement. (*Vive approbation au centre.*) Si un anarchiste, dans l'intérêt d'un parti quelconque, avait la pensée de contrarier les intérêts de son pays, d'élever une voix qui pût devenir nuisible aux intérêts de son pays, il n'oserait pas rester deux jours en Angleterre; il serait obligé de quitter l'Angleterre. (*Très bien ! très bien !*)

Voilà ce qui fait la force de l'Angleterre.

Voix à gauche. — C'est qu'il n'y a pas là de parti français.

M. ARAGO. — C'est que les Anglais sont Anglais avant tout !

M. PAIXHANS. — Le meilleur écrit anglais établit :

1° Que les fortifications sont très favorables à tout despote qui voudra opprimer ou même détruire Paris ;

2° Que ce sera parfaitement inutile à l'indépendance et à la défense de notre pays.

J'en conclus: ou que les Anglais sont extrêmement soigneux de notre liberté et de la défense de notre pays, ou bien qu'ils n'aiment pas les fortifications de Paris. J'en tire la dernière conséquence.

La Russie a envoyé des officiers faire une étude spéciale des fortifications.

La Prusse, qui choisit de bons généraux, connaissant nos affaires politiques et militaires beaucoup mieux que la plupart d'entre nous, a envoyé des officiers dont l'un, éminemment éclairé et jouissant d'une position fort élevée, me disait « qu'il admirait d'abord la grandeur des travaux et qu'il s'étonnait pour ainsi dire de la puissance de la France qui pouvait en temps de paix exécuter de telles œuvres ». Je lui répondis : « Rappelez-vous ce que nous faisons pendant la guerre. » Et voici ce qu'il me dit des fortifications de Paris : « Ce que nous faisons en Allemagne, en établissant une place par-ci, une place par-là, cela ne changera pas la guerre. Si jamais nous avons la guerre avec vous, elle se ferait toujours comme elle s'est faite, et quelques places de plus ou de moins ne changeraient pas le système de guerre. Mais votre grande fortification de Paris, cela change la guerre. »

M. DE LAMARTINE. — Tant pis !

Le GÉNÉRAL PAIXHANS. — En Allemagne on s'est beaucoup occupé des fortifications de Paris. Il serait trop long et fastidieux d'entrer dans des détails à cet égard. Je demande la permission de lire seulement quelques phrases d'un récit plus récent que les autres.

M. MANUEL. — Nous n'avons pas besoin de savoir ce que pense l'Allemagne !

M. PAIXHANS. — Je vous demande pardon.

Voici deux ou trois phrases :

« La perte de la capitale frappe la nation et l'armée comme un coup de foudre. Le danger de la capitale, au contraire, les excite à faire les plus grands efforts. En effet, tant que la capitale résiste, son salut est encore dans le domaine du possible. »

Voici la conclusion :

« Louis-Philippe est un esprit fin qui, par la manière grandiose dont il fortifie la capitale, met le point sur l'*i*... »

M. LEDRU-ROLLIN. — Ce que vous dites là est contre vous.

M. PAIXHANS. « ... Si, contre toute attente, le sort de la guerre amenait encore une fois les Allemands aux bords de la Seine, leur général devrait se borner à laisser sa carte de visite aux portes de Paris, ou plutôt à celles de Saint-Denis, car, en ennemi, il n'y entrerait pas. »

Et Paixhans cite encore l'opinion des Hollandais : « Paris fortifié fournira le stimulant le plus énergique à une résistance opiniâtre, c'est-à-dire cette confiance inébranlable dans le retranchement central qui réunira comme en un seul faisceau toutes les ressources du royaume. »

LE GÉNÉRAL SUBERVIC. — Dites donc votre opinion, mais laissez de côté celle de l'étranger qui n'a que faire ici.

M. PAIXHANS continue : « Aujourd'hui..., ne voilà-t-il pas qu'il se rencontre des personnes qui veulent voir dans ces forts fermés et encore à armer, entourant la position stratégique concentrée de la capitale, un rempart, une bastille, élevée contre cette même cité, contre ce vaste point où se centralisent tous les intérêts de la France ! » (*Bien ! bien ! — Aux voix !*).

M. DE LAMARTINE. — Je suis un de ces hommes qui ont le plus fomenté, soufflé l'agitation de l'opinion publique contre les fortifications, soit à la tribune, soit dans les départements, soit dans la presse périodique et qui doivent appuyer les pétitions de leurs commettants devant vous.

Fortifier les capitales.... c'est exposer les nations à périr d'un seul coup. (*Bravo ! à gauche.*)

Lamartine s'élève contre les forts non pas à cause de la portée matérielle des projectiles, mais de la portée morale....

Si, lorsque le prince Napoléon a fait sa tentative dans une caserne de Strasbourg, il l'eût faite dans un de vos forts, savez-vous si l'issue aurait été la même et s'il n'y aurait pas eu un danger extrême à laisser flotter le drapeau de la sédition militaire contre le drapeau des institutions de notre pays ?

Le maréchal Soult annonce qu'il ne répondra pas aux pétitions.

1844, *samedi 9 mars* (1). — Arago présente le rapport de la Commission des pétitions relatives à la démolition générale ou partielle des fortifications, soit au désarmement.

Malgré les observations de MM. Lherbette, de la Bourdonnaye, Dupin, de Combarel de Leyval, les pétitions pour la démolition n'étant appuyées par personne, la Chambre passe à l'ordre du jour.

La pétition sur le refus de crédit pour l'avancement des travaux est renvoyée à la question préalable.

1826. — Un premier projet est soumis au roi Charles X par le Ministre de la Guerre, comte de Clermont-Tonnerre, mais l'expédition de Morée et les préoccupations politiques des dernières années du règne en firent ajourner l'examen.

---

(1) *Moniteur*, 1844, 10 mars.

EXTRAITS DES JOURNAUX :

1841, samedi 10 avril (1). — Les travaux sont en pleine activité aux forts de Pantin, de Noisy-le-Sec et de Rosny.

Les travaux du fort d'Issy commenceront le jeudi 15.

Partout au midi de Paris, à Ivry, à Montrouge, Gentilly, Bicêtre, Bourg-la-Reine et Vanves, on fouille à 15 et 20 mètres pour trouver du moellon. A Alfort, 650 ouvriers, dont 50 soldats du génie, terminent les terrassements.

Le 12 avril (2) le roi visitait les travaux du parc de Neuilly et du bois de Boulogne. Le lieutenant-colonel de Cassières, chargé de la direction des travaux entre le canal de Saint-Denis et la basse Seine, attendait le roi à Neuilly.

Le roi était accompagné du maréchal Soult, du général Dode de la Brunerie, de ses aides de camp et de ses officiers d'ordonnance.

Le 15 avril, l'entrepreneur de la Double-Couronne, M. Lenoble, commence ses travaux avec 2.500 ouvriers, et le 18 avril les expropriations étaient encore peu avancées (3).

1842, septembre (4). — Le fort de Charenton est le plus avancé et donne une idée de ces masses protectrices qui garantissent la sûreté d'un pays.

1845. — Cette année 10 régiments ont pris part aux travaux. La superficie des terrains occupés par les fortifications est de 782 hectares.

Le développement de l'enceinte (rive droite) est de.................	27.904 mètres.
Le développement de l'enceinte (rive gauche) est de.....	10.757 —
Total	38.661 mètres.

1849, 10 juillet (5). — Une discussion s'engage à la Chambre au sujet des indemnités dues aux propriétaires qui ont bâti sur la zone de 250 mètres. On fera une ordonnance, un règlement, une loi...

1849, 29 septembre (6). — Les fortifications sont terminées. Les carrières à plâtre dites carrières d'Amérique, appartenant à MM. Jacques Laffitte et Higonnet sont les dernières expropriations.

L'administrateur de la succession J. Laffitte demandait...............	650.000 fr.
Le jury a alloué...	100.849 82

(1) *Moniteur*, 1841, 10 avril.
(2) *Moniteur*, 13 avril 1841.
(3) *Moniteur*, 1841, avril.
(4) *Le Globe*.
(5) *Moniteur*, 11 juillet.
(6) *Moniteur*, 30 septembre.

Ensemble des opérations d'expropriation.

13.028 propriétés d'une contenance de 893 hectares 61 ares 52 centiares ont été expropriées.

Demandes des propriétaires.....................................	28.989.270 88
Offres de l'Administration.....................................	13.936.649 81
Différence	15.052.621 07

11.426 propriétaires ont accepté les offres du jury. Pour les 1.602 contestations les propriétaires demandaient .... | 9.298.669 25
L'Administration a offert.. | 3.565.902 40

Différence	5.732.766 85

Le jury a alloué 4.493.061 fr. 27.

Les indemnités payées par l'État forment un total de 14.863.801 fr. 68, soit après acceptation amiable des propriétaires, soit en vertu des allocations fixées par le jury d'expropriation (1).

1868. Réclamation des propriétaires de la zone contre les servitudes, demandant la suppression de ces servitudes ou l'expropriation de leurs immeubles.

Ces réclamations qui se produisaient depuis 1857, 28 mars, aux dates suivantes :

1861, 17 mai :

1862, 15 mars ;

1866, 29 juin ;

1867, 15 mars (934 propriétaires) ;

1868, 16 mai (81 propriétaires)

furent continuellement écartées par le Sénat qui passa constamment à l'ordre du jour malgré les raisons alléguées par leurs défenseurs : « Ils ont acheté et payé les biens qui leur appartiennent : ils ont le droit d'en jouir d'une façon absolue. »

Les zoniers.

Le rapport de M. Brousse, pages 126-128, discute, dans l'annexe D ; *la zone militaire*; *point de droit*. Nous y renvoyons le lecteur.

(1) *Gazette des Tribunaux*, 1847, 29 septembre.

La zone militaire est tracée par une ligne placée en avant des ouvrages en mesurant 250 mètres à partir de la crête des glacis sur les capitales des bastions.

Mais l'honorable M. Brousse ignore que les zoniers, actuellement représentés par M. G..., boulevard Voltaire, président de la Ligue des propriétaires zoniers, ont été déboutés de leurs prétentions par le Sénat, de 1857 à 1868.

Les zoniers n'ont donc plus *rien* à réclamer suivant nous et, à notre avis, l'incident est clos.

Les réflexions que suggérerait la discussion du travail gigantesque des fortifications rempliraient un volume ; aussi nous abstiendrons-nous de tout commentaire, laissant au lecteur le soin d'apprécier à sa convenance cette page d'histoire contemporaine écrite pour la première fois. Elle est, croyons-nous, d'un haut enseignement, surtout tombant sous les yeux de gens instruits par l'expérience et qui ont assisté à des spectacles qu'aucun des acteurs de la scène politique d'alors ne pouvait prévoir, bien que chez quelques-uns on retrouve, à certains moments, comme de vagues idées de prophéties excessivement curieuses.

Nous avons pensé rendre service en joignant ce résumé à notre rapport ; nous le croyons nouveau pour la plupart des lecteurs.

Nous avons fait tous nos efforts pour le condenser d'une façon impartiale — tout, ou presque tout serait à citer ; — nous demanderons, en terminant, l'indulgence pour les omissions échappées dans ce trop court *Historique des fortifications*, dont l'importance, actuellement, n'échappera à personne.

UNE PETITE PAGE D'HISTOIRE.

A propos de la donation des terrains compris dans le parc de Neuilly et dans le bois de Boulogne par Louis-Philippe, pour les fortifications, les opinions diffèrent.

Les uns prétendent que le bois de Boulogne lui appartenait au même titre que le parc de Neuilly ; les autres, qu'il ne pouvait disposer du Bois comme du parc de Neuilly.

On a également soutenu que les biens de la famille d'Orléans étaient des « apanages ».

Nous avons consulté, pour résoudre ces questions, l'homme le mieux placé pour en connaître, le regretté M. Edm. Bocher, dont les brochures éclaircissent le problème.

L'apanage de la famille d'Orléans remontait plus haut que 1661 ; mais la loi du 2 mars 1832 supprima les « apanages » et reconnut l'existence du domaine privé.

Voici un extrait de cette loi (1) :

TITRE PREMIER

ARTICLE PREMIER. — La liste civile (qui existait depuis 1830) dont le roi doit jouir pendant toute la durée de son règne (art. 19 de la Charte) sera composée d'une dotation immobilière et d'une somme annuelle assignée par le Trésor.

SECTION PREMIÈRE.

ART. 2. — Les biens immeubles comprendront : le Louvre, les Tuileries, etc., et les domaines de Versailles, Marly, Saint-Cloud, Meudon, Saint-Germain-en-Laye, Compiègne, Fontainebleau, Pau, le *bois de Boulogne*, le bois de Vincennes et la forêt de Sénart.

ART. 7. — Le roi pourra faire aux palais, bâtiments et domaines de la Couronne tous les changements, additions et démolitions qu'il jugera utile à leur conservation et à leur embellissement.

Le roi avait fait des dépenses importantes aux châteaux de Meudon, de Saint-Cloud, de Pau, de Fontainebleau et surtout de Versailles, qui amenèrent un déficit considérable sur la fortune *privée* de la famille d'Orléans. Le 24 février 1848, ces dépenses s'élevaient à 40 millions qui furent intégralement soldés avec l'argent du roi.

En 1872, le Gouvernement républicain rendit 45 millions (exactement 44) à la famille d'Orléans, partagée alors en 8 branches dont 3 étrangères, et comprenant 52 descendants.

Le bois de Boulogne appartenait au roi, en vertu de la dotation de 1832, et il pouvait en disposer comme il l'a fait, en vertu de l'article 7 de cette loi.

Voici maintenant les décrets de janvier 1852 (2), confisquant les biens de la famille d'Orléans qui expliquent comment le bois de Boulogne fit retour à la République, et la loi du 21 décembre 1872, qui restitua les biens confisqués.

Nous n'avons pu retrouver, ni dans le *Journal officiel*, ni dans le *Bulletin des Lois*, ni dans le *Budget*, la date du payement des 44 millions, ni même une indication de ce payement, si ce n'est dans le *Budget* de 1874 (3) où l'Administration

---

(1) *Moniteur*, 1832, 28 février — 2 mars.
(2) Ce n'est pas l'empereur Napoléon III, comme on le croit généralement, qui confisqua les biens de la famille d'Orléans, mais bien le Président de la République, Napoléon.
(3) *Budget* 1874, p. 62.

des forêts est en déficit de plus d'un million de revenu annuel (1), ce qui doit être, croyons-nous, la constatation de la restitution, puisque nous lisons cette observation :

Conséquences de la loi du 21 décembre 1872, qui abroge les décrets du 22 janvier (1852) concernant les biens de la famille d'Orléans.

CONFISCATION DES BIENS DE LA FAMILLE D'ORLÉANS (2)

Le Président de la République,

Considérant que tous les gouvernements qui se sont succédé ont jugé indispensable d'obliger la famille qui cessait de régner à vendre les biens meubles et immeubles qu'elle possédait en France ;

Qu'ainsi, le 12 janvier 1816, Louis XVIII contraignit les membres de la famille de l'empereur Napoléon de vendre tous leurs biens personnels dans le délai de six mois et que, le 10 avril 1832, Louis-Philippe en agit de même à l'égard des princes de la famille aînée des Bourbons ;...

Qu'aujourd'hui, plus que jamais, de hautes considérations politiques commandent impérieusement de diminuer l'influence que donne à la famille d'Orléans la possession de près de trois cents millions d'immeubles en France...

La vente doit être effectuée dans le délai d'un an. Le prix de vente sera remis aux propriétaires ou aux ayants droit...

Palais des Tuileries, 22 janvier 1852.

NAPOLÉON.

DE CASABIANCA,
Ministre d'État.

Considérant que la donation universelle, sous réserve d'usufruit, consentie par Louis-Philippe au profit de ses enfants, à l'exclusion de l'aîné de ses fils, le 7 août 1830, le jour même où la royauté lui avait été déférée, et avant son acceptation qui eut lieu le 9, a eu uniquement pour but d'empêcher la réunion au domaine de l'État des biens considérables possédés par le prince appelé au trône ;

Que cet acte souleva la conscience publique (3) ;

_____

(1) Produits en moins des forêts : 1.215.700 francs (c'est presque du 4 0/0, 3,90 0/0).

(2) Deux décrets à la même date, 22 janvier 1852, *Moniteur.*

(3) Nous ignorons si cet acte souleva la conscience publique, et nous n'en trouvons aucune trace dans les journaux de l'époque ; en revanche, nous savons que le décret de 1852 « souleva la conscience publique » à tel point que le procureur général de la Cour de cassation, Dupin, donna sa démission, — qu'il reprit, du reste, quelque temps après. C'est lui, ce *caméléon politique*, comme on l'appelait alors, et que la caricature représentait toujours chaussé de gros souliers, qui lança ce mot mordant au sujet des décrets : « C'est le premier vol de l'Aigle ! »

A la suite des décrets, quatre des principaux ministres, de Morny, Rouher, Fould et Magne se retirèrent ; mais, comme Dupin, ils ne tardèrent pas à revenir.

Que si l'annulation n'en fut pas prononcée, c'est qu'il n'existait pas, comme sous l'ancienne monarchie, une autorité compétente pour réprimer la violation des principes de droit public;

Considérant que les droits de l'État ainsi revendiqués, il reste encore à la famille d'Orléans plus de cent millions avec lesquels elle peut soutenir son rang à l'étranger,

Décrète :

ARTICLE PREMIER. — Les biens meubles et immeubles qui sont l'objet de la donation du 7 août 1830, faite par Louis Philippe, sont restitués au domaine de l'État, etc., etc., (1).

NAPOLÉON.

DE CASABIENCA,
Ministre d'État.

RESTITUTION DES BIENS DE LA FAMILLE D'ORLÉANS

Loi du 21 décembre 1872, qui abroge les décrets du 22 janvier 1852, concernant les biens de la famille d'Orléans.

1872, 21 décembre.

ARTICLE PREMIER. — Les décrets du 22 janvier 1852, concernant les biens de la famille d'Orléans, sont et demeurent abrogés.

ART. 2. — Les biens meubles et immeubles saisis par l'État en vertu desdits décrets et non aliénés à ce jour seront immédiatement rendus à leurs propriétaires.

Délibéré à Versailles, les 24 avril, 23 et 24 novembre et 21 décembre 1872.

Signé :

Les Secrétaires de la Chambre.

GRÉVY,
Président.

A. THIERS,
Président de la République.

Léon SAY,
Ministre des Finances (2).

Prirent part à la discussion : MM. Lepère, Bocher, Pascal Duprat, Henri Brisson, Laurier.
Rapporteur : Robert de Massy.

---

(1) Journal officiel, 1852, 23 janvier. — Bulletin des lois, 1852.
M. Bocher a démontré, avec preuves en main, combien cette estimation de 300 millions et de 100 millions était exagérée.
Nous rappelons, à titre de curiosité anecdotique, le quatrain composé à cette occasion
De s deux Napoléons les gloires sont égales,
Mais à des titres inégaux
Napoléon premier prenait les capitales,
Le second prend les capitaux.
(2) Journal officiel 1872, 29 décembre. — Bulletin des Lois, 1872.

Dans un remarquable discours, M. Bocher prouva que les biens des d'Orléans, entre autres Monceaux et le parc de Neuilly, n'étaient pas des apanages. Le bois de Boulogne n'est pas cité. — La loi fut votée à l'unanimité.

Nous avons vu qu'après des observations soulevées au sujet de ce don du roi, on avait répondu que les difficultés seraient résolues au moyen d'une ordonnance ou d'une loi.

Malgré nos recherches, nous n'avons pu découvrir la trace ni de cette ordonnance, ni de cette loi. Furent-elles jamais promulguées?

Néanmoins, notre opinion est que l'on n'a pas le droit de détourner la partie détachée du bois de Boulogne pour être affectée aux fortifications de sa destination primitive. C'est une portion du Bois qui doit retourner au Bois sans que personne, la Ville moins que tout autre, puisse en disposer autrement que comme endroit de promenade. Nous croyons l'avoir démontré dans ce rapport.

Pour compléter l'historique des fortifications, nous joignons ici un résumé de l'article de Louis Blanc, paru dans la *Revue du Progrès* du 1er octobre 1840, et la fameuse lettre de Henri Heine, du 13 février 1841, qui se trouve dans *Lutèce* :

La *Revue du Progrès*, n° du 1er octobre 1840, tome II, 2e série, 3e livraison, publiait sous la signature de Louis Blanc un article intitulé : L'EMBASTILLEMENT DE PARIS.

L'embastillement de Paris, écrit l'auteur, c'est la démocratie étouffée en Europe. Pour lui, c'est une tentative *sauvage*.

En 1814-1815 Paris a été envahi par les alliés. Bien! cela prouve-t-il que Paris a besoin d'être fortifié? « Les cosaques que nous avons à craindre, disait le duc de Rovigo, quelques jours avant le 31 mars, ne sont pas ceux du dehors, mais ceux du dedans. » Il avait raison, hélas ! Parce que la défense était paralysée..., parce que « le Sénat demeurait une machine à trahisons, parce que le baron Louis s'en allait partout disant dans un langage de cuistre : *Napoléon n'est qu'un cadavre ; seulement il ne pue pas encore*, parce que Talleyrand se préparait à recevoir dans ses salons Schwartzenberg et Alexandre... »

Paris a donc été, non pas pris deux fois, mais deux fois livré.

... Il faut bien pourtant que Paris soit défendu ! Oui, certainement : qui le nie? Mais la défense de Paris... c'est sur les frontières... à Lille, à Metz, à Strasbourg.

Ce n'est point Paris qui veut être fortifié, c'est la France.

L'Escaut, le Rhin, voilà les vraies fortifications de Paris.

On veut faire de Paris un immense château fort ! Et cela sous prétexte qu'un jour il pourrait bien être envahi par l'ennemi ! Mais, alors même qu'il en serait ainsi, « j'ose affirmer qu'il n'y a pas aujourd'hui un peuple en Europe qui ne s'arrêtât avec respect devant l'inviolabilité de Paris ».

Paris est une ville essentiellement européenne, Paris est une ville sacrée. Qu'on en fasse une place forte, Paris n'est plus Paris. Une semblable ville est comme l'âme et le cerveau du monde ; donc, autour d'elle point de forteresses ! Il faut à cette vaste cité, unique dans l'univers, l'air, l'espace et la liberté.

Mais patience ! Voici des hommes d'État qui trouvent cela mauvais et qui nous gratifient d'une enceinte continue. Qui donc a donné à ces six ou sept hommes le droit de disposer ainsi dans une causerie de l'avenir de Paris ?

Et après avoir énuméré les travaux en cours d'exécution à Saint-Denis, à Belleville, à Bagnolet, à Charonne, à Bercy, à Noisy, à Rosny, à Fontenay, à Nogent, à Vincennes... Mais ce qu'il y a de plus étonnant dans tout ceci, c'est l'attitude des journaux. Quelques-uns se taisent ; la plupart applaudissent. Il est clair cependant que le règne de la force intelligente cesse où commence celui de la force brutale. Qu'est-ce que la royauté de la pensée chez un peuple accoutumé à s'endormir dans le voisinage des canons et quand les idées peuvent être arrêtées au passage par le qui-vive des sentinelles ?

De deux choses l'une : ou il faut mettre les ministres en accusation comme violateurs de la charte ; ou bien il faut faire contre la charte elle-même une autre révolution de Juillet.

La sauvegarde de Paris est dans son génie particulier, dans son caractère cosmopolite, dans le besoin qu'ont tous les peuples de cette intelligente et libre cité. A tout hasard, la sauvegarde de Paris est aussi dans le courage de ses habitants. Car, après tout, ce n'est pas d'un pareil peuple qu'on a droit de dire ce que disait Scipion de ses soldats, sous les murs de Numance : « Qu'ils se couvrent de boue puisqu'ils n'osent se couvrir de sang ! »

Louis Blanc.

Louis Blanc mourut en 1882 ; il avait donc pu assister aux deux sièges de Paris et voir comment « un peuple, en Europe, s'arrêtait, avec respect, devant l'inviolabilité de Paris ! » *Et nunc erudimini !...*

LETTRE DE HENRI HEINE

Paris, 13 février 1841.

... Le vote de la Chambre sur les fortifications de Paris marque une époque de transition dans l'esprit de la nation française. Les Français ont beaucoup appris dans les derniers temps ; ils ont perdu par là toute envie de se jeter aveuglément dans des aventures sur le périlleux sol étranger. Ils préfèrent maintenant se retrancher chez eux contre les attaques éventuelles des voisins. Sur la tombe de l'aigle impérial, l'idée leur est venue que le coq pacifique de la royauté bourgeoise n'est pas immortel. La France ne vit plus dans l'audacieuse ivresse de sa prépondérance invincible : elle a été dégrisée, comme un héros de carnaval le mercredi des cendres, par la conscience de sa vulnérabilité, et, hélas ! celui qui pense à la mort est déjà à demi décédé ! Les fortifications de Paris sont peut-être le cercueil gigantesque que, par un noir pressentiment, le géant décréta de préparer pour lui-même. Cependant un bon laps de temps pourra encore se passer avant que son heure suprême ne sonne, et il serait capable d'asséner auparavant les coups les plus mortels à plus d'un présomptueux de taille moins grandiose. En tout cas, si le jour venait où ce géant dût succomber — que les dieux ne fassent jamais arriver ce jour maudit ! — le fracas de sa chute ferait trembler la terre ; et bien plus terriblement que pendant sa vie le colossal fantôme du défunt tourmenterait ses ennemis par sa mission posthume. Je suis persuadé que, si l'on détruisait Paris, ses habitants se disperseraient dans tout l'univers, comme autrefois les juifs, et ils répandraient ainsi encore plus efficacement la semence de la transformation sociale.

Les fortifications de Paris sont l'événement le plus grave de notre temps, et les hommes qui ont voté dans la Chambre des Députés pour ou contre cette œuvre prodigieuse ont exercé sur l'avenir la plus grande influence. A cette enceinte continue, à ces forts détachés, se relie désormais le sort de la nation française. Ces constructions avanceront-elles l'établissement de la liberté ou de la servitude ? Sauveront-elles Paris d'une surprise ennemie ou l'exposeront-elles impitoyablement au droit dévastateur de la guerre ? Je l'ignore, car je n'ai ni siège, ni voix au conseil des dieux. Mais je sais que les Français se battraient parfaitement bien, s'ils devaient un jour défendre Paris contre une troisième invasion. Les deux invasions antérieures n'auraient servi qu'à accroître la fureur de la résistance. Je doute, pour de bonnes raisons, que Paris, s'ils eût été fortifié, ait pu résister les deux premières fois, comme on l'a prétendu dans la Chambre. Napoléon, affaibli par toutes sortes de victoires et de défaites, n'était pas en état d'opposer à l'Europe envahissante les moyens magiques de cette idée qui « fait sortir des armées du sol en le frappant du pied » ; il n'avait plus assez de force pour rompre les liens avec lesquels il avait lui-même garrotté cette idée ; ce furent les alliés qui, à la prise de Paris, mirent en liberté cette idée enchaînée...

... On sait que la fraction républicaine, représentée par le *National*, a défendu le plus activement le projet de loi concernant les fortifications. Une autre fraction, que je serais tenté d'appeler la gauche des républicains, s'élève contre ce projet avec la colère la plus violente, et comme elle ne possède dans la presse qu'un petit nombre d'organes, la *Revue du Progrès* est jusqu'à présent le seul journal où elle ait pu se prononcer. Les articles qu'on y trouve sont sortis de la plume de Louis Blanc. A ce que l'on me dit, M. Arago s'occupe aussi d'un écrit sur le même sujet. Ces républicains repoussent la pensée que la Révolution ait à recourir à des boulevards de pierres et de briques ; ils y voient un affaissement des moyens moraux de défense, un relâchement de l'ancienne énergie magique de la volonté, et ils aimeraient mieux décréter la victoire, comme la Convention de puissante mémoire, que de prendre des mesures de garantie contre la défaite. Ce sont en effet les traditions du Comité de salut public qui occupent la pensée de ces gens, tandis que les messieurs du *National* ont plutôt devant l'esprit les traditions de l'empire. Je viens de dire les *messieurs* du *National*, car c'est le sobriquet dont les honorent leurs antagonistes qui s'intitulent citoyens. Dans le fond, les deux fractions sont également terroristes, seulement les messieurs aimeraient mieux opérer par le canon, les citoyens par la guillotine. Il est facile de comprendre que les premiers aient conçu une grande sympathie pour un projet de loi en vertu duquel la Révolution, dans un temps difficile, pourrait revêtir un caractère purement militaire, de sorte que le canon serait en état de dicter la loi à la guillotine ! Voilà comment je m'explique le zèle, autrement inexplicable, que le *National* a déployé à l'appui des fortifications de Paris.

Chose singulière ! Cette fois le *National*, le roi et Thiers se réunirent dans le désir le plus ardent pour le même objet. Et cependant cette réunion est très naturelle. Ne calomnions aucun des trois par la supposition d'arrière-pensée d'intérêt personnel ! Quelques propensions individuelles qui soient ici en jeu, tous les trois n'en ont pas moins agi avant tout dans l'intérêt de la France, Louis-Philippe, aussi bien que Thiers et les messieurs du *National* !

13

Mais, comme je l'ai dit, des propensions personnelles étant en jeu, Louis-Philippe, l'ennemi déclaré de la guerre, de la destruction, est un amateur de construction tout aussi passionné ; il aime tout ce qui fait mettre en mouvement la truelle et le marteau, et le plan des fortifications de Paris flattait sa passion naturelle.

Mais Louis-Philippe est en même temps, bon gré mal gré, le représentant de la Révolution, et partout où celle-ci est menacée, sa propre existence se trouve en péril. Il faut qu'à tout prix il se maintienne à Paris ; car si les potentats étrangers s'emparaient de sa capitale, sa légitimité ne le protégerait pas aussi inviolablement que ces rois par la grâce de Dieu qui, à quelque endroit qu'ils se trouvent, forment le centre de leur royaume. Et si Paris tombait entre les mains des républicains, par suite d'une révolte, les puissances étrangères viendraient peut-être investir cette ville avec des forces armées, mais ce ne serait probablement pas pour essayer une restauration en faveur de Louis-Philippe qui, en juillet 1830, devint roi des Français, « non parce que Bourbon, mais quoique Bourbon (1) ! » Voilà ce que sent le fils de Laërte, et voilà pourquoi il se retranche dans son Ithaque. D'ailleurs la ferme croyance du roi est que ces fortifications sont nécessaires pour la France, et avant tout il est patriote comme tout roi l'est, même le plus mauvais.

L'amour de la patrie étant regardé par les Français comme la plus haute vertu, ce fut une méchanceté très efficace des ennemis du roi de faire suspecter ses sentiments patriotiques au moyen de fausses lettres. Oui, ces fameuses lettres sont en partie falsifiées, en partie tout à fait fausses, et je ne conçois pas comment beaucoup d'honnêtes gens, parmi les républicains, ont pu croire un instant à leur authenticité (2)...

Thiers est véritablement pénétré du sentiment national français, et quand on sait cela, on comprend toute sa force et son impuissance, ses erreurs et ses avantages, sa grandeur et sa petitesse, ainsi que ses titres à une immortalité d'une plus ou moins longue durée. Ce sentiment national explique tous les actes de son ministère : là, nous rencontrons la translation des cendres impériales, la glorieuse apothéose de l'héroïsme, à côté de la pitoyable justification de ce pitoyable consul de Damas qui prêta la main à des horreurs judiciaires, mais qui était un représentant de la France (3) ; là nous rencontrons l'étourderie des cris de colère et d'alarme poussés au moment que le traité de Londres (4) fut divulgué et la France offensée, et puis l'activité réfléchie de l'armement général, et cette résolution colossale de la fortification de Paris. Oui, c'est Thiers qui commença cette dernière, et qui depuis cette époque conquit encore dans la Chambre la loi définitive en faveur de l'entreprise. Jamais il ne parla avec une plus grande éloquence, jamais il ne remporta avec une tactique plus habile une victoire parlementaire. C'était une bataille, et dans le dernier moment l'issue de la mêlée fut très douteuse ; mais, avec son regard perçant de grand capitaine, le général Thiers découvrit vite le danger qui menaçait la loi, et un amendement improvisé décida l'affaire. C'est à lui que revient l'honneur de la journée.

Un assez grand nombre de personnes attribuèrent à des motifs d'égoïsme le zèle que Thiers déploya pour le projet de loi. Mais en réalité le patriotisme prédominait en lui, et, je le répète,

(1) Mot de Dupin.

(2) On avait fait circuler, à ce moment, de prétendues lettres du roi dont la fausseté évidente ne tarda pas à être démontrée.

(3) Allusion à l'affaire du P. Thomas, religieux de Damas, assassiné par des israélites, qui s'étaient servi de son sang pour la solennité de la Pâque. Voir : Lescur : Annuaire, 1840, p. 458. Notre vice-consul fut remplacé.

(4) 15 juillet 1840.

M. Thiers est imbu de ce sentiment. Il est tout à fait l'homme de la nationalité, mais non de la Révolution, dont il recherche volontiers la maternité. A la vérité, la filiation est réelle, il est le fils de la Révolution, mais on ne doit pas en inférer qu'il éprouve de fortes sympathies pour sa mère. M. Thiers aime avant tout sa patrie, et je crois qu'il sacrifierait à cette affection tous les intérêts maternels. Il a sans doute depuis longtemps senti s'attiédir son enthousiasme pour tout le tohu-bohu de la liberté, qui ne résonne plus en son âme que semblable à un écho lointain. Comme historien, il a pris part en esprit à toutes les phases de la Révolution ; comme homme d'État, il eut à combattre et à lutter journellement contre le mouvement subversif, et souvent peut-être la mère a été incommode, très fâcheuse, à ce fils de la Révolution ; car il n'ignore point que la vieille serait capable de faire couper la tête à son chéri. En effet, elle n'est pas d'un naturel doux et endurant ; un Berlinois dirait qu'elle n'a pas de *gemüth*. Quand de temps à autre on voit messieurs ses fils la traiter un peu durement, il ne faut pas oublier qu'elle-même, la bonne vieille, n'a jamais montré une tendresse bien constante pour sa progéniture, et qu'elle a toujours assassiné les meilleurs de ses enfants. Comme il y a des enfants terribles, il y a aussi des mères terribles ; et vous, maman, vous êtes de ce nombre!

H. Heine.

LES FORTIFICATIONS DE PARIS EN 1555.

On écrit de Hambourg (14 janvier) (1) :

« On vient de découvrir dans la bibliothèque de notre ville un livre latin, imprimé à Paris en 1555, contenant cinq discours, dont deux traitent cette question avec les plus grands développements. Voici le titre du volume :

« *Quinque orationes philosophicæ ad novam hujus temporis politicam accomodatæ inscholis Francorum, a quinque discipulis* Martini Everardi, Bellovacensis, Normanorum (2). *scholæ hypodidascali ac physici habitæ. — Anno salutis* 1555, 8 *kal. febr. — Parisiis, apud Andream Wechelum.*

Les deux discours dont il s'agit se trouvent en tête de ce recueil et sont intitulés, l'un :

Pro nobis (3) *urbis Parisiorum mænibus ac propugnaculis, oratio I, Francisci Talpini* ; l'autre : *Secunda oratio superiori contraria, a Tussano Puteano habita, quod urbs Parisiorum mænibus cingenda non sit.*

La première de ces harangues est écrite avec beaucoup de modération, et il semble en résulter que les Parisiens d'alors s'étaient déclarés en faveur des fortifications qui missent leur ville à l'abri d'un coup de main.

---

(1) *Moniteur*, 1841, 22 janvier, p. 162.
(2) Il faut lire ici : *Dormanorum* (collège de Dormans).
(3) Lire : *novis*.

L'autre discours, au contraire, est écrit en termes très violents et rempli de traits satiriques, pour la plupart, d'assez mauvais goût (1).

Observation. — Ce livre qui renferme des « exercices » des élèves de Martin Everard, de Beauvais, parmi lesquels François Taupin et Toussaint Dupuis ont eu à composer des discours « pour et contre » (*pro et contra*) les *Fortifications de Paris*, se trouve à la Bibliothèque nationale de Paris. (Invent. Rz 1245) (B. N.).

Paris, le 3 novembre 1906.

Le Rapporteur,
F. D'ANDIGNÉ.

---

(1) Nous différons complètement d'opinion avec l'auteur de cette note. Le discours en question ne renferme rien de pareil à notre avis; il ne mérite même pas la peine d'une traduction. Ce sont des exercices oratoires sans aucune portée.

PREMIER PROJET DE DÉLIBÉRATION

Considérant qu'il importe, au nom de l'hygiène, de développer sans retard les espaces libres dans Paris,

LE CONSEIL

DÉLIBÈRE :

1° L'Administration de la Préfecture de la Seine est invitée à étudier les moyens les plus pratiques et les plus rapides pour procurer aux arrondissements de Paris qui en sont privés, des espaces libres — terrains de jeux et récréations — particulièrement les 10°, 11°, 12°, 15°, 18°, 19° et 20°.

2° L'Administration de la Préfecture de la Seine est invitée à faire les démarches nécessaires pour obtenir de la Compagnie des omnibus, des Compagnies de voitures, de la ville de Paris, dépôts de pavés ou tous autres, les terrains pouvant être affectés (soit par voie d'achats, soit par voie d'échange) à destination d'emplacements de jeux et de récréations, particulièrement dans les quartiers qui en sont privés.

3° La question de la somme à consacrer à l'établissement de ces espaces libres sera soumise à une Commission spéciale, nommée à cet effet, dite *Commission des Espaces libres*. Cette Commission serait composée en majeure partie de conseillers municipaux, pris particulièrement parmi les représentants des quartiers intéressés.

DEUXIÈME PROJET DE DÉLIBÉRATION

Le Conseil

Délibère :

L'Adminstration de la Préfecture de la Seine est invitée à s'entendre avec les pouvoirs publics, pour obtenir un vote du Parlement tendant à rendre la zone militaire, longeant le bois de Boulogne, à sa destination primitive.

TROISIÈME PROJET DE DÉLIBÉRATION

LE CONSEIL

DÉLIBÈRE :

L'Administration de la Préfecture de la Seine est invitée à entrer en pourpalers avec l'État, pour provoquer la vente des terrains désaffectés, situés entre la porte de Neuilly et celle des Ternes, à une Société qui s'engage à y élever un Palais des Sports.

La conséquence de cette édification serait l'établissement d'une route, conduisant à un champ spécial de sports à Sartrouville, (autodrome, parc aérostatique, sports nautiques, etc., expositions sportives, agricoles et autres sans surface limitée).

QUATRIÈME PROJET DE DÉLIBÉRATION

LE CONSEIL

DÉLIBÈRE :

L'Administration est invitée à négocier avec l'Etat l'acquisition des terrains compris dans la zone militaire entre les portes de Villiers, des Ternes, la route de la Révolte et le boulevard de Villiers, en vue de leur affectation à la reconstruction de l'hôpital Beaujon.

ANNEXE N° 1

État d'une petite portion de terrain formant le complément des « propriétés particulières situées sur
territoire de la commune de Neuilly » depuis l'ancienne route de Neuilly jusqu'au bois de Boulogne et qui sont comprises dans le périmètre, seconde partie de l'enceinte continue, etc.

Lussy, expert du Tribunal. — Charles, expert de la Préfecture, suivant *procès-verbal du 28 février 1842.*

NUMÉRO du plan particulier.	NOMS	EMPLACEMENT.	SUPERFICIE.			DEMANDE.		PRIX accordé par le jury le 28 mai 1845.	
			h.	a.	c.	fr.	c.	fr.	c.
»	Poinsignon, demeurant commune de Passy, près de la pelouse de l'Étoile	»	»	15	6	235	20	156 60 accepté : 19 octobre 1844. Poinsignon.	
1	Jandet (Marie-Dominique), rue de Bondy, 88.	Lieudit le Carcan, maison et cour.	»	1	60	18.000	»	11.318 70	
2	Boudinot (Louis-François), blan-chisseur.	Maison, bâtiment, cour, vieille route de Neuilly, 73, et rue des Montagnes............	»	5	94	70.000	»	40.003 25	
3	Gadiffert (J.-Charles), maçon.	Bâtiment et cour, rue des Mon-tagnes....................	»	1	70	5.000	»	2.501 15	
4	Cornu (Adélaïde-Aimée) (Stordeur veuve Cl.-Louis-Alex.), rue de Monceau, 23, Paris.	Maison et cour, vieille route de Neuilly, 75.................	»	1	60	18.000	»	9.643 30	
5	Piednoel (Timoléon-Augustin), épi-cier, ayant 2 chevaux, déména-geur.	Vieille route de Neuilly, 77......	»	1	79	23.000	»	12.359 50	
6	Piednoel (Hippolyte).	Vieille route de Neuilly, 79......	»	1	84	14.600	»	8.840 50	
7	Gaudrillet (François).	Terrain, vieille route de Neuilly, au rond-point...............	»	4	01	12.000	»	7.608	»
8	Bertrand (Adolphe).	Maison et cour, vieille route de Neuilly, au rond-point........	»	1	83	20.000	»	11.917	»
9	Peauger (Denis-Henry), auber-giste.	Au rond-point de la vieille route de, Neuilly, à l'angle de l'im-passe de l'Étoile.............	»	1	85	42.500	»	30.733 75	

14

NUMÉRO du plan particulier.	NOMS	EMPLACEMENT.	SUPERFICIE.			DEMANDE.		PRIX accordé par le jury le 28 mai 1845.	
			h.	a.	c.	fr.	c.	fr.	c.
10	Rougevin (Auguste), architecte des Invalides.	Terrain, impasse de l'Étoile.....	»	1	83	1.830	»	1.464	»
11	Durot (J.-B.-Romain).	Terrain, angle de la rue et de l'impasse de l'Étoile.........	»	2	97	4.455	»	3.695	25
12	Leportier (François-Jacques).	Maison et cour, rue des Montagnes.	»	1	15	15.000	»	7.667	80
13	Jolivet (Pierre-François), peintre, rue Miromesnil, 5.	Terrain clos de murs, rue des Montagnes.................	»	»	49	12.059	»	8.903	25
14	Rougevin (Auguste), architecte des Invalides.	Terrain, rue des Montagnes, au coin de l'impasse de l'Étoile...	»	19	80	19.800	»	16.637	50
15	Martin (Ch.-Joseph-Brice), marchand de nouveautés, boulevard des Filles-du-Calvaire, 19.	Jardin clos de murs, impasse de l'Étoile	»	1	89	2.890	»	2.011	75
16	Rougevin.	Terrain au fond de l'impasse de l'Étoile	»	8	92	6.214	»	4.718	75
17	Michot (Jean-Baptiste).	Terrain......	»	»	66	462	»	330	»
18	Bosselet (J.-Aube-Lépine).	Maison et jardin, impasse de l'Étoile...	»	1	54	14.000	»	7.719	25
19	Rougevin, architecte.	Terrain planté, impasse de l'Étoile.	»	17	49	14.866	50	12.213	»
20	Jolivet (J.-François), peintre.	Terrain, rue des Montagnes......	»	8	19	12.285	»	6.552	»
21	Bégé (Adolphe-Louis-Édouard), maître maçon.	Maison et cour, rue des Montagnes....................	»	2	57	25.000	»	19.922	25
22	Mouplot (J.-B.), charbonnier.	Terrain, au coin de la rue des Montagnes et de l'Étoile.......	»	3	83	5.745	»	4.776	»
23	Jolivet.	Terrain au coin de la rue des Montagnes et de l'Étoile.......	»	5	»	10.000	»	5.365	»
24	Parmentier (Victor-Magloire).	Bâtiment et cour, impasse de l'Étoile....................	»	2	09	22.000	»	13.508	90
25	Appert (Charles).	Terrain, coin de l'impasse de l'Étoile, du côté du rond-point de la vieille route de Neuilly..	»	2	82	4.641	25	4.641	25
26,	Cabanne (Nicolas), chef de bureau au Ministère de l'Intérieur.	Terrain, route de la Révolte, au coin de la rue des Montagnes..	»	10	15	18.270	»	10.261	»

NUMÉRO du plan particulier.	NOMS.	EMPLACEMENT.	SUPERFICIE.			DEMANDE.		PRIX accordé par le jury le 28 mai 1845.	
			h.	a.	c.	fr.	c.	fr.	c.
27	Plumier (Joseph).	Bâtiment et jardin, route de la Révolte, 8, et jardin n° 6......	»	41	93	107.617 92		37.854	60
28	Mme veuve et héritiers Périer.	Terrain....................	»	»	80	»		160	»
29	Le marquis d'Aligre (Étienne-Jean-François), rue d'Anjou-Saint-Honoré, 27.	Terre....................	»	2	32	580	»	464	»
30	Rougevi.	Terre....................	»	1	70	425	»	340	»
31	Marquis d'Aligre.	Terre....................	»	6	24	3.120	»	2.199	»
32	Vve Parmentier (J.-Claude), Marguerite-Françoise Flandin.	Jardin, route de la Révolte......	»	42	98	93.460	»	20.055	»
33	Marquis d'Aligre.	Terre....................	»	5	25	1.312 50		1.050	»
34	Vve Périer et héritiers Périer.	Terre....................	»	11	54	Mémoire.		2.308	»
35	Rougevin.	»	»	3	36	840	»	672	»
36	Peauger, aubergiste.	Jardin....................	»	»	24	200	»	132	»
37	Marquis d'Aligre.	Terre....................	»	53	16	58.160	»	29.768	»
38	Lamure (Antoine-François).	Terre....................	»	6	98	6.980	»	6.980	»
39	Cheronnet (Stanislas-Pierre), rue des Martyrs, 47.	Bâtiments et jardin, avenue de Neuilly, lieudit Porte-Maillot...	»	3	50	148.300 » Pour les articles 40, 41 et 43.		37.047	28
40	Cheronnet (Stanislas-Pierre), rue des Martyrs, 47.	Bâtiments et jardin, avenue de Neuilly lieudit Porte-Maillot...	»	11	48	»		»	
41	1° Mme Marie-Cécile-Laurence-Pauline Loyer, veuve de M. Casimir-Pierre Périer, décédé, président du Conseil; 2° Victor-Laurent-Auguste-Casimir Périer; 3° Charles Fortunat, Paul Périer, tous demeurant rue Neuve-du-Luxembourg, 27 bis.	Portion d'un grand jardin ayant façade sur le chemin de Neuilly, à Passy, en se prolongeant jusqu'au mur du bois de Boulogne.	3	02	43	1.356.975	»	292.462	65
42	Cheronnet (Stanislas-Pierre), rue des Martyrs, 47.	Bâtiments et jardin, avenue de Neuilly, lieudit Porte-Maillot...	»	15	60	»		»	
43	La commune de Neuilly.	Portion supprimée de la rue des Montagnes..................	»	9	05	»		4.525	»
		Totaux........	6	55	23	2.190.618 17		737.119	35

ANNEXE N° 2

Fortifications de Paris. — Enceinte continue.

Commune de Neuilly, 1re partie ....

Ouverture des opérations le 12 octobre 1840.

M. Deterville-Desmortiers, juge-commissaire.
M. Lussy, expert du tribunal.
M. Blondeau.
M. Charles, expert de la Préfecture.
M. Denise, expert d'office, rue du Temple n° 102.
M. Lubie, maire.

2e séance le 13 octobre à 9 heures.

NUMÉRO du plan parcellaire.	NOMS DES PROPRIÉTAIRES.	DÉSIGNATION des propriétés.	CONTENANCE des parcelles.	LOCATAIRES.
			h. a. cent.	
1	Périer (Casimir), rue Neuve-Luxem-bourg, 27 *bis*.	Jardin...................	3 25 55	Perier (Casimir), en partie. Dr Duval.
1 *bis*	Périer (Casimir-Paul), rue Neuve-Luxem-bourg, 27 *bis*.	Jardin................	15 55	Palmer, marchand de chevaux.
2	Chéronnet (Stanislas), rue des Mar-tyrs, 47.	Maison et jardin........	12 75	Non loué, encore en construction.
3	Poinsignon, avenue de Neuilly, 26.	Maison et jardin	4 46	Kyan, franciscain.
4	Lamare, ancien notaire, faubourg du Roule, 70.	Terre.........	13 58	Bourges, rue de l'Arcade aux Therne (Betteraves qui seront enlevées par l locataire).
5	Marquis d'Aligre, rue d'Anjou.	Terre...............	55 63	Peauger (Jacques-Denis), route de l Révolte, 4 (Luzerne de deux ans).
6	Rougevin, rue Neuve-des-Capucines.	Terre................	2 52	Robine, aux Thernes.
7	Périer (Casimir-Paul).	Terre...............	9 12	Bertaud (mère), au télégraphe, ru Saint-Denis.
8	Marquis d'Aligre.	Terre...............	4 44	Paul (père), à Passy.
9	Rougevin.	Terre...............	1 49	Robine, aux Thernes.
10	Marquis d'Aligre.	Terre................	2 20	Paul (père), à Passy

NUMÉRO du plan parcellaire.	NOMS DES PROPRIÉTAIRES.	DÉSIGNATION des propriétés.	CONTENANCE des parcelles.	LOCATAIRES.
			h. a. cent.	
11	Périer (Casimir).	Terre................	1 64	Bertaud (mère), rue Saint-Denis.
12	Morel (Pierre-Théophile), 28, faubourg Saint-Honoré.	Terre................	15	Paul (père), à Passy.
13	Lamare.	Terre................	Non occupé.	Bourges, rue de l'Arcade, aux Thernes.
14	Michaut, marchand de bois, Neuilly.	Terre....	24	Non loué.
15	Cotinat (Jean), rue des Montagnes.	Terre................	77	Non loué, en friche.
16	Rougevin.	Terre................	10 80	Non loué.
17	Cabanne, chef au Ministère de l'Intérieur, boulevard du Temple, 33.	Jardin et terre.........	9 50	Mension, marchand de meubles, rue de Cléry.
18	Lebleu (héritiers), marchand de vin, barrière Blanche.	Maison, bâtiments et cour.	Non occupé.	Partie louée : Kyan, héritier Lebleu.
19	Poinsignon, avenue de Neuilly.	Maison, cour, bâtiments.	Non occupé.	Non loué.
20	Peauger, aubergiste, route de la Révolte, 4.	Maison et jardin........	2 78	Gobert, épicière. Maison. (On ne prend que le jardin.) Brémont (Mlle). — Acollas. — Girardot (Mme), rue Saint-Denis, 270. Maison.
21	Parmentier (veuve), route de la Révolte, 4.	Maison, bâtiments, cour et jardin..............	48 05	Cordier. Maison. Perotti. — Auraux. — Bouillé, maraîcher. Jardin. Sezanne (Jean). Maison. Toussaint. — Rendu, paveur. — Leprince, déchargeur. — Lafosse, caneleur. — Lyonnet (Mme). — Leleu (François). — Couette, apprêteur. — Chemin, puisatier. — Baldé. — Lavoué (veuve). - - Lesourd, apprêteur. — Poirier (Mme). — Boudinot. — Catherine (Mlle). — Toignotte, peintre. — Michel (Mme). — Cécile (Mlle). — Isaïe, marchand de vaches. Maison.

NUMÉRO du plan parcellaire.	NOMS DES PROPRIÉTAIRES.	DÉSIGNATION des propriétés.	CONTENANCE des parcelles.			LOCATAIRES.
			h.	a.	cent.	
22	Marquis d'Aligre.	Maison, cour, jardin.....		6	26	Lavoué (veuve). Maison, cour, jardin.
23	Plumier (Pierre-Joseph), route de la Révolte.	Maison, bâtiments, cour et jardin..............		44	86	Channdet (Jean). Maison. Lefèvre. — Maltaisse. — Gervais. — Michel. — Grandjean. — Cruise (Pierre). —
24	Jolivet, peintre, route de la Révolte.	Jardin, terre, maison....		5	19	Compain, jardinier. Maison, jardin. Hamel. Maison. Delaigue aîné. — Delaigue jeune. — Bizouard, charpentier. — Brodier (François), marchand de vin.
25	Parmentier, propriétaire, route de la Révolte.	»		2	14	Blin, maréchal. Maison. Lazare (Baptiste). — Chemin, puisatier. — Bernier, marchand de pommes de terre. Maison. Ridet. — Dallemagne (Charles). — Thiry (François). — Dannery, couvreur. —
26	Bégé, maître maçon, rue des Montagnes.	Maison, bâtiments.......		2	68	Sous-locataire.
27	Rosselet, impasse de l'Étoile.	Maison, jardin..........		1	68	Sous-locataire.
28	Tiercelin, emballeur, faubourg Saint-Honoré.	Maison et jardin........		2	26	Lesage (Mme). Maison, jardin.
29	Veyra, propriétaire, rue des Montagnes.	Maison, cour, jardin.....			4	Chauvin, commissaire de police. Maison. Philippe (Mme). Maison. Mussard. — Decand (Mlle). — Jolivet, peintre. — Laiskin. — Danayt. —
30	Chassagniau, blanchisseur, rue des Écuries-d'Artois, 19.	Maison, jardin..........			»	Chatelet (Mme). — Couderc (Mme). — Brunet (Mme). — Reby. —

NUMÉRO du plan parcellaire.	NOMS DES PROPRIÉTAIRES.	DÉSIGNATION des propriétés.	CONTENANCE des parcelles.			LOCATAIRES.
			h.	a.	cent.	
31	Peauger, aubergiste, route de la Révolte.	Maison, cour............		2	48	Mousset (Prosper), boucher. Maison. Donnes (Mme). Maison. Copinet (Mme). — Bernier. — Charles, jardinier. — Demargeot (Mme). — Félix, menuisier. —
32	Bertrand, route de la Révolte.	Maison, cour............		1	80	Danneric. Maison. Blin, maréchal. —
33	Piednoel (Hippolyte).	Maison, cour, jardin.....		1	78	Levoux. Maison. Victoire (Mlle), couturière. Maison.
34	Piednoel (Auguste).	Maison, cour............		1	79	Walter. Maison, cour.
35	Audille Tudot.	Maison, cour............		1	38	Racinat. Maison. Picard. — Tudot (Mme). —
36	Boudinot, blanchisseuse.	Maison, bâtiments et cour.		6	23	Brivadier (Mme). Maison. Lemaitre. — Capitaine (Alexis). — Denesvre (Alphonse), tonnelier. Maison. Loubier (Mme). Maison.
37	Jandet-Boucher, fabricant de cordes harmoniques, 29, rue Grenetat.	Maison, cour............		1	94	Couderc, marchand de vin. Cuzet. Lherbette. Leroux.
38	Barré (Mme) (Marie-Anne Ménage, veuve Fleury dite), rue Geoffroy-Lasnier, 8, Paris.	Maison, cour............		4	05	Maillard, charcutier. Gauthier. Grandjean (Mme). Josset, maçon. Tuleu (Louis), maçon. Aumette. Leroy, scieur de pierres. Burdet, tailleur, rue Mazarine, 26. Marche (Mme). Sava.
39	Fauché.	Maison, bâtiments, cour..		2	31	Houzard (Mme).
40	Gobinet, marchand de vin.	Maison, cour............		0	33	François, cordonnier. Jourdain, blanchisseur. Bornifette, tailleur.

NUMÉRO du plan parcellaire.	NOMS DES PROPRIÉTAIRES.	DÉSIGNATION des propriétés.	CONTENANCE des parcelles.	LOCATAIRES.
			h. a. cent.	
41	Andrieux, marchand de sangsues, rue Saint-Honoré.	Maison, cour...........	»	Bigot, coiffeur. Bachelari. Batotte. Fabre. Langevin.
42	Portier, propriétaire, route de la Révolte.	Maison, cour...........	1 29	Raucaz, marchand de vin.
43	Jollivet (Pierre-François), peintre, faubourg Saint-Honoré, 187.	Jardin, bâtiment........	8 28	Emplacement clos de murs de tous côtés, cultivé en jardin.
44	Martin, marchand de nouveautés, rue des Filles-du-Calvaire.	Jardin	4 34	(Sans locataire). Jardin.
45	Rougevin, rue Neuve-des-Capucines, 8.	Plantations	25 58	(Non loué.)
46	Monplot, charbonnier, rue Miromesnil, 15.	Emplacement..........	4 29	—
47	Jollivet (Jean-François), peintre, rue Sainte-Anne, 51, Paris.	—	7 73	»
48	Rougevin, rue Neuve-des-Capucines.	Plantation	19 54	»
49	Happère, propriétaire, rue Basse-Longchamp.	Emplacement..........	2 31	»
50	Gaudrier, rue de Paris, à Clichy.	—	4 10	»
51	Rougevin.	—	1 73	»
52	Durst (Jean-Baptiste), avenue de la Porte-Maillot, 24.	»	3 39	»
53	Gadifert, maçon.	Bâtiment, cour	1 93	»
54	Gerfauld, miroitier, rue Neuve-Saint-Augustin.	Emplacement..........	27	»

Nouveau plan depuis la vieille route de Neuilly jusqu'au chemin de Courcelles, limite de la commune des Batignolles.

NUMÉRO du plan parcellaire.	NOMS DES PROPRIÉTAIRES.	DÉSIGNATION des propriétés.	CONTENANCE des parcelles.	LOCATAIRES.
(55) 26 nouveau.	Contamine (le général Théodore, vicomte de), résidant à Sablonville.	Maison, bâtiments, cour, jardin.............. Portion du jardin du château des Thernes, à l'angle de la route de la Révolte et de l'ancienne route de Neuilly.	42 56	Dalouzy. Maison et jardin. Lemaitre. — Polissard (Mme). — Bernard. — de Courcelles. — Marquis d'Avèze. — Mauchelle. — Leclerc. –

NUMÉRO du plan parcellaire.	NOMS DES PROPRIÉTAIRES.	DÉSIGNATION des propriétés.	CONTENANCE des parcelles.		LOCATAIRES.
			h. a. cent.		
(55) 26 nouveau. (Suite)					Barot. Maison et jardin. Godefroy. — Brionne. — Gusman (Mme). — Cardin. — Paquet. — Lapie (Mlle). — Huot (Mme). — Éclancher. — Lachèvre. — Duvernet. — Duplantier. — De Hesdin. — Maubeuche (Mme). — Tannera (Mme). — Magny. — Jollivet. — Millery. —
56	Sa Majesté.	Portion du parc de Neuilly, non livrée...........	»		»
57	Boileau, veuve, à Neuilly, commune de Villiers, et à Paris, rue de Richelieu, 45.	Maison, bâtiments, cour, jardin et terre........	93 63		Marit (Jean-Baptiste), aux Thernes, Vieille-Route, 52. Jardin. Landais (Michel-Jean), marin, à Monceau, rue des Dames, 98. Terrain. Hautemanière (François-Auguste), marchand de vin. Maison, cour.
58	Hospices civils de Paris.	Terre................	22 99		Josset (Charles), à Neuilly. Terre (Location à la condition de déguerpir à la première réquisition du propriétaire).
57	Boileau, veuve.	Terre................	1 24 70 incertitude dans les limites.		Landais, aux Batignolles. Terre.
56	Baudelaire, à Fontainebleau.	Terre....	20 50		Josset.

NUMÉRO du plan parcellaire.	NOMS DES PROPRIÉTAIRES.	DÉSIGNATION des propriétés.	CONTENANCE des parcelles	LOCATAIRES.
			h. a. cent.	
53-54	Molinier (Jean-Joseph), propriétaire à Clichy, route de la Révolte, 12.	Maison, bâtiments, cour, jardin..............	78 90	Bernard. Boutique. Dutertre (François) (Une chambre au 1er : 70 fr.). Dlle Pauline (Un cabinet : 30 fr.). Bonneville (2 pièces : 70 fr.). Bethy. Aimable (Mme). France, voiturier. Moulinier, fils. Dabayeux.
49	Mas, fabricant de ressorts de voitures, rue de Suresnes.	Terre.................	18 34	Moulinier (Jean-Joseph). (Seigle).
48	Noel (Étienne-Léon), propriétaire à Asnières.	Terre.................	18 45	Troyzel (Louis-Alexandre), à Clichy, rue du Landy, 7. (Seigle.)
»	Deguingand, aux Batignolles.	Terre.................	13 »	Nimet (Pierre), aux Batignolles. (Betraves très claires.)
65	Pelletier, propriétaire à Courbevoie, représenté par M. Brey.	Maison, bâtiments, cour et terre.............	17 62	Charpentier (Auguste) (Maison). Premier. Barié. Grenier (Mme). Blanchetot. Thomas. Ringaud. Darcet. Rivet.
44	Valentin (Denis), propriétaire à Neuilly, route de la Révolte.	Maison, bâtiments, cour et jardin clos........	16 53	Raimond. (Chambre.) Cœuret — Morin. — Barié. — Millet. — Leroy. — Premier. (Bâtiments au fond de la cour.) Dru, veuve. (Bâtiments au fond de la cour.) Valentin. (Atelier et une pièce.)

N. B. — Nous n'avons pu retrouver le plan parcellaire qui accompagnait cette liste sur laquelle les prix ne sont pas indiqués.

ANNEXE N° 3

Fortifications de Paris. — Commune de Neuilly-sur-Seine (1re PARTIE).

État des vingt-six propriétés particulières comprises dans le périmètre de l'enceinte continue (1re Partie), à Neuilly-sur-Seine, depuis les limites de cette commune vers les Batignolles jusqu'à la vieille route de Neuilly ou des Thernes, estimées, conformément à la loi du 30 mars 1831, par M. Lussy, expert du Tribunal, et M. Charle, expert de la Préfecture, etc.

Procès-verbal dressé par M. Morillot, inspecteur des Domaines, le 18 août 1842, constatant les prises de possession en vertu d'un jugement du tribunal de 1re instance du 27 mai précédent, des propriétés non bâties nos 17, 19, 23, 24 et 25 du plan.

Décision du jury du 8 février 1844.
Le 7 mars 1842, clôture des opérations par M. Debelleyme, président du tribunal de 1re instance.

NUMÉRO du plan parcellaire.	PROPRIÉTAIRES.	EMPLACEMENT.	SUPERFICIE.			DEMANDE des propriétaires.		PRIX accordé		LOCATAIRES.	PRIX accordé.	
			h.	a.	c.	fr.	c.	fr.	c.		fr.	c.
1	Leroisnier (Jacques-François), à Champerray, commune de Neuilly.	Lieu dit la Fontaine des Thernes	1	74		870	»	417	60			
2	Riant (Didier-Nicolas), rue du Rocher, 30, Paris.	Terre, route de la Révolte........	8	40		4.200	»	1.680	»	Fauconnier, seigle.......	42	»
3	Dubacq (François-Éléonore), géomètre, rue de l'Église, 2, Batignolles.	Terre, chemin de Courcelles......	20	25		10.125	»	4.455	»	Dubet (Jean), à Clichy ...	101	25
4	Riant (Didier).	Terre, route de la Révolte........	26	»		13.000	»	3.580	90	Fauconnier, seigle.......	130	»
5	Noël (Étienne-Léon), à Asnières.	Lieu dit la Fontaine des Thernes	14	75		2.985	»	1.739	50	Fauconnier, seigle.......	58	»
6	Dumas-Descombes (Auguste-Louis-Marie), rue de la Sourdière, 29, Paris.	Terre, route de la Révolte	39	76		8.851	50	6.106	10	Gillet (Étienne-Louis), cultivateur............	238	56
7	Molinier (Jean-Joseph), cultivateur, route de la Révolte, 1, à Clichy.	Id.	25	55		12.775	»	4.048	»	Le propriétaire : navets très clairs...........	51	10
8	Dumoutier (François-Guillaume), fabricant de chaux hydraulique, à Pantin.	Id.	10	30		2.400	»	1.646	»	Alexandre (Pierre), dit Gros Pierre..........	»	

NUMÉRO du plan parcellaire.	PROPRIÉTAIRES.	EMPLACEMENT.	SUPERFICIE.			DEMANDE des propriétaires.		PRIX accordé.		LOCATAIRES.	PRIX accordé.	
			h.	a.	c.	fr.	c.	fr.	c.		fr.	c.
9	Gaidan (François), à Noyant, par Beaugé (Maine-et-Loire), rue des Petits-Pères, 3, Paris.	Terre, route de la Révolte........	20	57		3.315	70	3.315	70	Fauconnier, seigle.......	102	85
10	Lamare (Adrien-Antonin-François), faubourg du Roule, 70, Paris.	Id.............	9	84		4.920	»	1.640	40	Tabourot (Charles), à Batignolles, chaume......	29	52
11	Mme Batailler d'Omonville, actuellement épouse de M. Fontaine de la Grenouillère, rue Saint-Louis, 20, Batignolles.	Id.............	8	56		4.280	»	1.414	10	Veuve Guicchat, à Villiers, terre nue............	»	
12	Noël (Étienne-Léon), à Asnières.	Id.............	12	92		3.213	»	2.186	20	Fauconnier, seigle.......	64	60
13	Beuville (François-Michel), maçon aux Thernes, rue des Thernes, 10.	Id...	13	43		6.715	»	2.321	50	Le propriétaire...... ...	62	92
14	Lehot (Charles-Jean), rue de la Bienfaisance, 7, Paris.	Id.............	9	76		2.928	»	1.771	10	Bourges (François), dépôt de gadoue...........	43	92
15	Valentin (Denis), à Neuilly.	Lieu dit Villiers, maison, bâtiments, cour, jardin, etc.......	16	53		42.000	»	20.720	»	Cœuret, marchand de vins	2.500	»
16	Le Peltier (Pierre), entrepreneur de bâtiments, rue de Colombes, 25, Courbevoie.	Maison, bâtiments, cour, route de la Révolte........	17	62		30.000	»	21.523	50	Frémyet, fabricant de vinaigre.............. Valentin fils, menuisier .. Darcet (Jean-Pierre-Joseph), inspecteur général des monnaies, fabrique de colle à vin........... Charpentier (Auguste), fabricant de produits chimiques.............. Mme Rivet, exploitant une manipulation des produits de la fabrique de Darcet, boul. Poissonnière, 8.	1.500 200 3.000 7.632 1.200	» » » 82 »
17	Deguingand, ancien notaire aux Batignolles.	Terre, route de la Révolte........	13	»		2.200	»	2.200	»	Himet (Pierre), betteraves très claires..........	78	»

NUMÉRO du plan parcellaire.	PROPRIÉTAIRES.	EMPLACEMENT.	SUPERFICIE.	DEMANDE des propriétaires.	PRIX accordé.	LOCATAIRES.	PRIX accordé.
			h. a. c.	fr. c.	fr. c.		fr. c.
18	Noël (Étienne-Léon), à Asnières.	Terre, route de la Révolte........	18 45	3.840 »	2.703 »	Trézel (Louis-Alexandre), rue du Landy, Clichy, seigle	92 25
19	Rousseau (Jean-Jacques), serrurier en équipages. Mas, rue de Suresnes, 29, Paris.	Id..............	18 34	7.336 »	2.632 »	Molinier (Jean-Joseph), seigle...............	76 70
20	Molinier (Jean-Joseph), route de la Révolte, 1, Clichy.	Maison, bâtiments, cour et jardin...	18 90	60.000 »	32.850 »	Molinier fils, marchand de vins .... Bethery (Pierre), charron. Rémond (Pierre), maçon. Frantz (Antoine), voiturier	3.000 » 500 » 300 » 1.000 »
21	Baudelaire (Claude-Alphonse), substitut du procureur du roi, à Fontainebleau.	Lieu dit de Villiers, route de la Révolte..........	43 34	26.945 »	6.394 »	Josset (Charles)........	87 68
22	Id.	Id..............	20 50	12.710 »	3.034 »	Id.	41 »
23	Veuve Boileau, née Santilly, et ses enfants, rue de Richelieu, 108, Paris.	Id..............	1 24 70	19.135 40	19.135 40	Landais (Michel-Jean-Marin), rue des Dames, 58, à Monceau, mauvaises betteraves, luzerne	583 »
24	Hospices civils de Paris.	Id..............	22 99	7.299 »	3.517 »	Josset (Nicolas-Charles), terre inculte et terre nue.	
25	Veuve Boileau.	Id.............	93 63	15.665 40	15.665 40	Marit (Jean-Baptiste), aux Thernes, vieille route, 52.................. Landais (Michel-Jean-Marin)................. Hautemanière (François-Auguste), marchand de vins.................	200 » 320 » 2.185 »
26	Mme Contamine (Théodora-Charlotte-Mélanie), épouse séparée de biens de M. le général vicomte de Contamine, vieille route, 11, à Sablonville.	Id. (1).......... Jardin d'agrément.	39 01 39 01 6 69 34	257.050 » 30.700 » 564.759 »	67.692 » 1.800 » 234.734 90	Dalouzy (Jean-Baptiste-Victor), principal locataire.............. Dalouzy (Jean-Baptiste-Victor), locataire de M. le général de Contamine.................	4.800 »

(1) Portion du château des Thernes à l'angle de la route de la Révolte et de la vieille route de Neuilly.

ANNEXE N° 1

Espaces libres (Jardins) à Paris en 1713.

Nouveau plan de la ville et faux bourgs de Paris comme il est à présent,
par B. Jaillot, 1713.

(Dédié à Messire Hiérosme Bignon, prévôt des marchands.)

NOMS	TOISES CARRÉES	SUPERFICIE en mètres carrés
Rive droite.		
Hôtel de Soissons................................	»	13.174
— d'Armenonville...........................	20 × 20	1.600
— de l'Hôpital..............................	40 × 130	20.800
— Desmarets...............................	35 × 45 + 25 × 25	8.800
Filles Saint-Thomas............................	45 × 110	19.800
Petits-Pères...................................	120 × 40	19.200
Hôtel Colbert.................................	15 × 15	900
Palais Mazarin................................	30 × 30	3.600
Palais Royal..................................	130 × 130	77.600
Hôtel Croizat.................................	130 × 40	20.800
— de Mears	120 × 40	19.200
— Louvois................................	25 × 40	4.000
— Coislin.................................	20 × 40	3.200
— Gramont..............................		
— Chamillart............................	150 × 150	90.000
— d'Antin...............................		
— Pontchartrain	35 × 25	3.500
— Montargis.............................	25 × 15	1.500
Jacobins......................................	40 × 40	2.400
Capucines.....................................	35 × 140	19.600
Hôtel de Dreux...............................		
— de Luxembourg.........................	220 × 200	176.000
Filles de la Conception........................		
Hôtel d'Usez.................................	20 × 30	6.400
— de Longueville........................	35 × 40	5.600
Les Feuillants	40 × 110	17.600
Capucines.....................................	40 × 20 + 40 × 200	35.200

NOMS	TOISES CARRÉES	SUPERFICIE en mètres carrés

Rive droite (suite).

NOMS	TOISES CARRÉES	SUPERFICIE en mètres carrés
L'Assomption	40 × 40 + 20 × 120	16.000
Tuileries	160 × 350	224.000
Jacobins	20 × 30	2.400
Saint-Jacques-du-Haut-Pas	100 × 110	44.000
Les Feuillants des Saints-Anges		
Saint-Magloire	110 × 200	88.000
Carmélites	125 × 110	55.000
Chartreux	200 × 300	160.000
Grands Augustins	35 × 30	4.200
Hôtel de Conty	50 × 40	8.000
Collège des Quatre Nations	20 × 45	3.600
Hôtel de Liancourt	40 × 40	6.400
Petits Augustins	53 × 50	10.600
Hôtel de Portsmouth	30 × 30	3.600
Saint-Germain-des-Prés	100 × 50	20.000
Noviciat des Jacobins	52 × 40	8.320
Terrains vagues (avenue des Invalides)	550 × 1000	550.000
Hôtel de Maisons	50 × 40	8.000
— d'Auvergne		10.816
— de Richelieu	52 × 52	
— de Comenge	20 × 40	3.200
Ile Louvier	»	»
Ile Saint-Louis	»	»
Hôtel de Bretonvilliers	30 × 40	4.800
— Lambert	10 × 15	600
Arsenal et Célestins	240 × 150	144.000
Place Royale	50 × 50	10.000 Actuellement 10.600 150 × 150
Minimes	52 × 20	4.160
Hôtel Boucherat	80 × 30	9.600
Filles du Calvaire	90 × 35	12.600
Monsieur Voisin	30 × 30	3.600
Hôtel d'Épernon	30 × 30	3.600
— Sallé	30 × 30	3.600
Filles Saint-Anastase	30 × 30	3.600
Hôtel d'Aumont	20 × 25	2.000
Sainte-Croix-de-la-Bretonnerie	20 × 15	1.200
Hôtel de Strasbourg (Imprimerie nationale)	50 × 30	6.000
Monsieur Gruin	30 × 30	3.600
Monsieur Dubuisson		
Le Temple	100 × 100	40.000

NOMS	TOISES CARRÉES	SUPERFICIE en mètres carrés

Rive droite (*suite*).

Filles Sainte-Élisabeth..........................		
Madelonnettes..............................	100 × 51	20.400
Carmélites, rue Chapon......................	30 × 30	3.600
Saint-Martin-des-Champs......................	70 × 50 + 40 × 50	22.000
Hôtel Saint-Chaumont......................	30 × 40	4.800
— Carnavalet..	25 × 20	2.000
Monsieur Rouillé.	15 × 15	900
Hôtel Pelletier de Souzy......................	25 × 20	2.000
— d'Angoulême......................		
— de la Force......................	70 × 25	7.000
Sainte-Catherine-du-Val-des-Écoliers.............	30 × 30	3.600

Rive gauche.

Capucines..............................	120 × 150	72.000
Val de Grâce..............................	120 × 150	72.000
Bénédictines anglaises..........................		
Feuillantines..............................	50 × 80	16.000
Ursulines..............................	150 × 70	42.000
Filles de la Visitation......................	90 × 100	36.000
Séminaire des Anglais......................	100 × 60	24.000
Filles de la Présentation......................		
Filles de la Providence......................	120 × 100	48.000
Filles de la Trappe..........................		
Jardin des Apothicaires......................	80 × 150	48.000
Saint-Jean-de-Latran......................	25 × 25	2.500
Abbaye de Sainte-Geneviève......................	50 × 150	30.000
Saint-Nicolas-du-Chardonnet......................		
Les Bernardins......................		
Communauté de Sainte-Geneviève......................	200 × 150	120.000
Hôtel de Nesmond......................		
Abbaye de Saint-Victor......................		
Chantiers	200 × 250	200.000
Chantiers......................	200 × 150	120.000
Jardin royal..............................	150 × 50 + 80 × 30	39.600
La Pitié..............................	30 × 60	7.200
Petits Pères de la Doctrine chrétienne.............	40 × 35	5.600
Salpêtrière, etc.	»	»
Hôtel de Pompadour......................	30 × 20	2.400

NOMS	TOISES CARRÉES	SUPERFICIE en mètres carrés

Rive gauche (suite).

NOMS	TOISES CARRÉES	SUPERFICIE en mètres carrés
Carmélites	50 × 50	10.000
Hôtel de Vilars	51 × 50	10.200
Religieuses de Bellechasse	50 × 30	6.000
Hôtel de Neufchastel	25 × 20	2.000
Filles de Sainte-Marie	52 × 50	10.400
Hôtel de Chevreuse	80 × 30	9.600
Religieuses de l'Abbaye de Penthémont	40 × 50	8.000
Hôtel de Matignon	35 × 20	2.800
Abbaye-aux-Bois	50 × 50 — 30 × 30	6.400
Petites Maisons	90 × 50	18.000
Hôpital des Enfants teigneux	90 × 30	10.800
Recollettes	90 × 25	9.000
Hôtel de Monsieur le Nonce	15 × 20	1.200
— de Bonneval	100 × 60	24.000
— de la Motte-Houdancourt		
— de Madame de Nogent	240 × 700	96.000
— de Rothelin		
— de Chastillon	101 × 80	33.320
— de Monsieur le Marquis d'Étampes		
Séminaire des Missions étrangères	100 × 100	40.000
Incurables	50 × 100	20.000
Sainte-Anne-des-Prémontrés	25 × 20	2.000
Bon Pasteur	90 × 20	7.200
Enfant-Jésus	51 × 100	20.400
Terrains vagues	150 × 100	60.000
Filles de la Miséricorde	15 × 20	1.200
Grand Séminaire de Saint-Sulpice	30 × 30	3.600
Noviciat des Jésuites	30 × 25	3.000
Filles du Saint-Sacrement	150 × 30	18.000
Filles de la communauté Saint-Michel		
Carmes déchaussés	80 × 140	44.800
La Vallée de Tissard	52 × 51	10.608
Bénédictines de Notre-Dame-des-Prés	30 × 20	2.400
Terrains vagues	320 × 100	128.000
Palais d'Orléans (Luxembourg)	500 × 150	300.000
Clos des Chartreux	400 × 200	320.000
		4.239.098

Superficie de Paris sous Louis XIV (1686) : 1.103 h. 70 a.
Minimum de la superficie des espaces libres : 423 h. 90 a. 98 c.

TABLEAU COMPARATIF DES GRANDES VILLES DU MONDE.

Observations.

	hect.	a.	c.
Bruxelles. — Le bois de la Cambre mesure	1.240	00	00
Budapest. — Le parc de Népliget mesure	1.186.400	00	00
— Le parc de Varasligot, mesure	972.838	00	00
Amsterdam. — Le parc de Vondelpark	33	01	00
— Oosterpark	19	52	00
— Westerpark	5	48	00
— Saphartipark	4	21	00
— Autres parcs	10	30	00

Prague. — Les parcs de Kinsky et Kral Obora (parcs comptés dans les espaces libres). Population avec les faubourgs : 480.698 habitants. — Mortalité avec les étrangers : 32,51 0/00.

	hect.	a.	c.
Leipzig. — Bois à la ville, aux environs de la ville	280	00	00
— Bois publics à des particuliers, aux environs de la ville	80	00	00
Anvers. — Zone des établissements maritimes	744	00	00
— Zone de la ville	1.464	00	00
— 2 parcs publics : 1°	13	50	00
— 2°	4	60	00

Dublin. — Les renseignements très difficiles à se procurer n'avaient jamais jusqu'ici été publiés.

	hect.	a.	c.
Rome. — Parcs privés : villa Pamphili	129	93	73
— — villa Torlonia	10	29	60
— — villa della Porta	13	63	22
— — villa Ada	10	22	40
Total	164	08	95

		hect.	a.	c.
Rome. — Cimetières urbains : Campo Verano		45	00	00
—	— protestant	1	00	00
—	— juif	1	40	00
—	— de Sainte-Marthe	0	22	00
—	Cimetière suburbain	2	30	00
	Total des cimetières	49	92	00

	hect.	a.	c.
Munich. — On a compris dans les espaces libres les cimetières neufs, non inaugurés : le Waldfriedhof de	59	20	00
— Le nouveau cimetière israélite de	5	40	00
dont une partie de 2 hect. 50 a. est en dehors de la ville.			
Odessa. — Cimetières : dans la ville	1	15	80
— — hors la ville	0	98	32
Saint-Pétersbourg. — Cimetières intérieurs	30	02	80
— Cimetières extérieurs	20	87	50
— La Néva couvre environ	1,600	10	00

Copenhague. — Trois communes nouvelles sont actuellement incorporées : Brønshøg, Valby et Sundby, avec 50.000 habitants et une superficie de 4.500 hectares. Il faut encore y ajouter la riche commune de Friederiksberg.

Tous les cimetières sont intérieurs ; les cimetières extérieurs n'existent pas encore. Auprès de la ville, trois lacs importants ; de plus, une promenade sur les anciens remparts, et le bord de la mer de l'Oresund. La mortalité ne le cède qu'à Amsterdam et à Anvers.

Madrid. — Nous publions cette longue suite des parcs de Madrid pour confirmer l'exactitude de nos informations.

Nos agents diplomatiques et consulaires se sont adressés aux municipalités des villes, des pays auprès desquels ils étaient accrédités. La plupart des municipalités, sinon toutes, ont répondu avec empressement aux questions nouvelles qui leur étaient posées et ce n'est pas trop nous avancer que d'affirmer que la plupart ont compris immédiatement l'intérêt que présentaient ces questions. Nous le devinons par l'abondance des documents envoyés, et nous sommes convaincu que nous n'aurons pas vainement attiré l'attention générale sur le problème que vous êtes appelés à résoudre, à Paris, mais dont la répercussion se fera sentir dans le monde entier, dans toutes les villes qui ignoraient jusqu'ici la gravité et l'importance de cette question.

Madrid :

Population..	547.399 habitants.
Superficie...	6.375 h. 51 a. 70 c.
Voirie...	608 h. 00 a. 00 c.
Promenades..	294 h. 48 a. 95 c.
Cimetières (1) extérieurs............................	14 h. 00 a. 00 c

Superficie des parcs et jardins de Madrid :

	Mètres carrés.
Bassins de la Ville (viveros)...	395.534
Pradera del Corregidor..	76.722
La Vierge del Puerto..	27.628
Cuesta de la Vega..	57.981
Dehesa de la Arganzuela (canal)...	332.313
Parc de Madrid en totalité,...	1.110.623
Place de la Constitution	5.800
— d'Isabelle II...	1.400
— du Progrès..	2.900
— du Prince Alphonse...................................	3.100
— de Bilbao..	3.500
— du Roi...	1.200
— des Cortès..	1.000
— de Murillo..	1.500
— de l'Indépendance....................................	2.750
— du Deux Mai (del Dos de Mayo).......................	2.500
— de Afligidos..	800
— de la Moncloa..	1.590
— de las Salesas bajas.................................	850
— de l'Hôpital..	2.350
— de Chambéri..	2.400
— de Bailen...	1.600
— de la Almudena	350
— de Saint-Dominique..................................	1.200
— de las Salesas altas.................................	1.900
— de Lavapies..	390
— de Saint-Michel......................................	210
— de la Ville...	790
Obélisque du Deux Mai (Place de l')...	5.590
Salon du Prado...	18.400
Jardins de Ferraz...	5.500
— des Récollets.......................................	10.900
— des Beaux-Arts.....................................	3.700
Parc de l'Ouest...	800.000
Paseo del Prado..	12.600
Glorieta de Colon...	1.925
— de San Bernardo	2.826
Total....................	2.944.895

(1) Les cimetières intérieurs sont des propriétés particulières, comme dans certaines villes d'Amérique, notamment à New-York, à Philadelphie, à Boston, etc.

Le cimetière municipal de Notre-Dame d'Almaden, situé au bout de Nicalvaro, mesure 14 hectares

Histoire ancienne.

Un terrain ayant appartenu aux hospices civils pendant trois cents ans (1570-1843). Voir page 113.

L'Hôtel-Dieu était propriétaire de ce terrain par suite du legs fait par un sieur Périer, par acte passé devant Maîtres Duresnes et Carrel, notaires au Châtelet, le 21 décembre 1570. La délivrance en avait été faite devant Maîtres Franquelin et Roger, notaires au Châtelet, le 30 janvier 1573 (Archives de l'Hôtel-Dieu, armoire 66, layette 121 *bis*, liasse 1, cotes A et C, n° 708 du classement).

Cette pièce de terre faisait partie de 175 perches de vignes, situées au lieu dit la Tartie Juliart, et avait une contenance originaire de 34 ares 19 centiares (1 arpent).

En 1843, on ne prit que 22 ares 99 centiares. Le surplus fut adjugé à MM. David et Sebin, suivant procès-verbal dressé par M⁰ Desprez, notaire à Paris, le 16 septembre 1845. L'étude de M⁰ Desprez est l'étude actuelle de M⁰ Morel d'Arleux. (Communication due à l'obligeance de M. Mesureur, directeur de l'Administration générale de l'Assistance publique.)

EXPLICATION DES PLANCHES.

Enceinte de Philippe-Auguste. — On ne peut s'attendre à une évaluation des espaces libres mathématiquement exacte pour une époque aussi reculée.

Nous connaissons cependant la superficie du terrain compris dans l'enceinte et l'évaluation des espaces libres donnée par nous est suffisante parce qu'elle se trouve au-dessous de la vérité.

Développement de Paris. — Grâce à ce plan, on peut se rendre compte du développement de Paris. On voit, en effet, que les centres ou noyaux de développement se trouvent :

RIVE DROITE :

1° Aux environs des églises, paroisses ou maisons religieuses, telles que Saint-Germain-l'Auxerrois (le vieux bourg Saint-Germain); Sainte-Agnès (1200) devenue Saint-Eustache en 1233; Saint-Merri, commencement du xi⁰ siècle; Saint-Magloire, situé Grande-Rue (rue Saint-Denis) en 1117 ; Saint-Gervais, Saint-Jean-en-Grève, Saint-Innocent, Saint-Jacques la Boucherie, etc. ;

2° Aux portes de la ville, naturellement ;

3° A la tête du grand pont, au Châtelet, et sur les grandes voies, devenues les rues Saint-Denis et Saint-Martin dans la suite.

Dans la CITÉ : dans la partie centrale et médiane, seule habitée, devant le Palais, demeure du roi. Les deux extrémités de l'île restaient libres : à la pointe orientale, Philippe-Auguste commençait Notre-Dame, élevée dans des terrains vagues; à la pointe occidentale, les jardins

17

ou vignes du Palais se terminaient à la rue de Harlay. Deux petites îles, la plupart du temps submergées, se détachaient de la grande île de la Cité de ce côté.

RIVE GAUCHE :

1° A la tête du petit pont, aux environs du Petit Châtelet;

2° Auprès des églises et des monastères : Saint-Séverin, Saint-Julien-le-Pauvre, Saint-Benoît, Saint-Étienne (plus tard des Grès), Saint-Cosme, Saint-André, etc., et l'abbaye de Sainte-Geneviève ;

3° Aux portes de la ville et sur les grandes voies, telles que la rue Saint-Victor, la Grande-Rue (Saint-Benoît, puis Saint-Jacques) et la rue Saint-Cosme (plus tard de la Harpe), etc.

Tels sont *sûrement* les points sur lesquels se groupèrent les premières habitations (1).

Les maisons étaient semées irrégulièrement dans des clos et des jardins, renfermant des potagers et des vignes, qui disparurent peu à peu, à mesure que l'industrie et le commerce se développèrent. On s'en aperçoit au percement des rues nouvelles, qui se produit principalement sous saint Louis, pendant une longue période de paix.

La partie du mur d'enceinte de Philippe-Auguste, sur la rive gauche, avait coûté 7.020 livres tournois.

Sous saint Louis, en 1238, les recettes du Trésor royal atteignaient plus de 235.286 livres parisis, et les dépenses 80.909 livres et en 1248 les recettes montaient à plus de 178.630 livres parisis et les dépenses à 63.760 livres parisis L'excédent était déposé au Temple, en dehors des murs.

La tour du Temple (1212), le Louvre et Notre-Dame furent commencés ou construits par ou sous Philippe-Auguste, dont le revenu s'élevait à près de 450.000 livres parisis par an.

Enceinte de Paris sous Louis XIV. — Sous Louis XIV, il n'existait de fossés que sur la rive droite. En 1652, la Grande Mademoiselle nous raconte que les troupes de Condé, pressées par Turenne, contournèrent Paris depuis le Cours-la-Reine, en suivant les remparts le long de ce qui est aujourd'hui la place de la Concorde et les grands boulevards jusqu'à la porte Saint-Antoine. Mademoiselle les avait aperçues du fameux jardin de Renard qui se trouvait dans le prolongement de celui des Tuileries. « Toutes les troupes, écrit-elle, passèrent toute la nuit le long du fossé, et comme il n'y avait que les Tuileries qui en sont sur le bord, entre mon logis et ledit fossé, l'on entendait distinctement les tambours, les trompettes et l'on discernait aisément les marches différentes (2). »

Sur la rive gauche, il y avait des barrières, indiquées sur tous les plans de Paris du xvii° siècle : Boisseau, Gomboust, Bullet Blondel, J. de Rochefort, N. de Fer, Jaillot, Lacaille et autres moins importants.

Malgré les terribles troubles de la Fronde et les guerres civiles, Paris se développe plus ou

(1) Saint-Germain-des-Prés était en dehors de l'enceinte, comme Saint-Victor (rive gauche), et Saint-Martin-des-Champs et le Temple (rive droite).

(2) Arvède Barine, *La Jeunesse de la Grande Mademoiselle*, Paris, 1902, p. 316.

moins normalement, et l'on pourrait, jusqu'à un certain point, attribuer cet accroissement, surprise des historiens, à la quantité des espaces libres, petits parcs et jardins, qui sont l'accompagnement obligé de tous les hôtels construits à cette époque si troublée des commencements du règne de Louis XIV.

Fortifications de Paris. — *Commune de Neuilly*. — *Enceinte continue*. — *Première partie*. — Cette partie s'étend depuis le territoire des communes de Batignolles et de Clichy jusqu'à l'ancienne route de Neuilly, au coin du château des Ternes. Les numéros du lotissement concordent avec ceux de l'Annexe n° 3.

Fortifications de Paris. — *Commune de Neuilly*. — *Enceinte continue*. — *Deuxième partie*. — Cette partie s'étend depuis l'ancienne route de Neuilly, aujourd'hui avenue des Ternes, jusqu'à l'avenue de Neuilly et la porte Maillot et porte le tracé des fortifications. Les numéros du lotissement concordent avec ceux de l'Annexe n° 4.

Neuilly en 1825 (Sablonville). — Ce plan montre les terrains achetés en bordure de la route de la Révolte qui existe encore aujourd'hui, et dont on peut voir le lotissement en 1841, sur le plan précédent. Il représente le lotissement de Sablonville, fait par l'architecte Rougevin, et les terrains vendus à cette époque (1825).

Le plan de la commune de Neuilly, en décembre 1851, offre l'ensemble des fortifications élevées sur cette commune, avec la partie de la ville de Paris, comme elle était alors aux environs de l'Arc de Triomphe. On reconnaît encore les noms de certaines rues qui n'ont pas changé, malgré les bouleversements subis par ce quartier, surtout à gauche de l'avenue de la Porte-Maillot ou de la Grande-Armée.

Le tracé des fortifications sur les terrains du bois de Boulogne a été reporté sur une carte levée en 1836.

Ce plan montre le bois de Boulogne avant tous les changements apportés par Hittorf et Varé, dès 1853, et permet de constater les parties détachées du bois et restées dans l'intérieur de l'enceinte. Elles sont délimitées par la *route de ronde* et comprennent, en outre, le Ranelagh et la Muette. Ce sont ces parties, abandonnées par Louis-Philippe, qui ont rapporté à l'État et à la Ville plus de quatre millions.

Palais des Sports. — Cette carte représente le projet de palais des Sports tel que nous le proposons. L'avenue de la Défense prolongée, avec largeur de 100 mètres au moins, aboutirait à la Seine, auprès de Maisons-Laffitte, en côtoyant le territoire de la commune de Sartrouville, sur lequel on établirait un vaste champ de sport de plusieurs centaines d'hectares de superficie.

Nous n'avons pas prolongé la route jusqu'à la Croix-de-Noailles pour ne pas soulever d'objections de la part des membres de la *Société pour la protection des paysages*, qui craindraient de voir là un empiètement sur la forêt de Saint-Germain, pouvant dégénérer plus tard en lotissement du domaine, ce qu'ils veulent, à tout prix, et avec raison, suivant nous, éviter.

Du reste, nous n'en avons pas besoin. La Seine formerait la limite de cette route qui desservirait un grand nombre de localités, trop isolées actuellement, et qui ferait certainement naître un plus grand trafic entre ces localités. Pour ne citer qu'une conséquence, nous dirons que la prolongation de cette route amènerait forcément, à courte échéance, l'établissement d'un pont au Port-Marly.

Le bénéfice retiré du pont à péage de Bougival, très rémunérateur encore actuellement, malgré les désastres de la guerre, prouve que le pont établi au Port-Marly ne serait pas une mauvaise spéculation. On y songeait, au moment de la guerre, alors qu'on avait déjà récolté une somme d'argent suffisante pour l'exécution de ce projet. L'argent fut rendu aux souscripteurs et l'affaire fut abandonnée : elle serait sûrement reprise.

Du point terminus de cette avenue partirait un faisceau de routes dans toutes les directions.

ANNEXE N° 5

Bibliographie.

Annuaire de Paris et du département de la Seine, 1904.

Arago (François).............. *Lettre sur les forts détachés*, publiée le 13 juillet 1833.

— *Lettre sur l'embastillement de Paris* (Extrait du *National* du 21 juillet 1833).

— *Sur les fortifications de Paris*, par Arago, député des Pyrénées-Orientales, 1841.

Atlas des 20 arrondissements de Paris, 1905.

Barras .... *Note sur le bois de Boulogne*. Paris, 1900.

Beaumont-Rochemure (de)..... *Lettre à M. Thiers sur son projet de fortifications*, par le comte de Beaumont-Rochemure, électeur du 6° arrondissement, Paris, 1841.

Benoit-Lévy (Geo)........... *La Cité-Jardin*. Paris, 1904, in-8°.

Bertrand................... *Le général Bertrand*, sur les fortifications de Paris, in-8°, 1833.

Bocher (Édouard)............ *Des biens de la famille d'Orléans*, réponse de M. Bocher à M. Granier de Cassagnac, Paris, 1852, in-8° 16 pages.

— *Décrets du 22 janvier*. Biens de la famille d'Orléans, distribution d'écrits destinés à la défense. Explication de M. Bocher et plaidoiries de M. Odilon-Barrot. Paris, 1852, in-8°, 91 pages.

— Lettre de M. Bocher au journal l'*Univers* à propos d'un article sur la *Fortune des princes d'Orléans*, 5 septembre 1875. Paris, s. d., in-4°, 7 pages.

— *Mémoire à consulter* (signé E. Bocher) et consultation par MM. de Vatimesnil, Berryer, Odilon Barrot, Dufaure, Paillet, sur les décrets du 22 janvier 1852, relatifs aux biens de la famille d'Orléans. Paris, 1852, in-12, 47 pages.

Bocher (Édouard)............ Discours prononcé par **M. E. Bocher**, dans les séances de l'Assemblée nationale des 23 et 24 novembre 1872, sur le projet de loi portant abrogation des décrets du 22 janvier 1852. Paris 1872, in-8°, 45 pages.

Blein (le baron)............ *Paris imprenable*, garanti du bombardement et du blocus, in-8°, 1841.

Brousse (Paul)............. *Rapport sur la supression du mur d'enceinte de Paris*, 1893. (Conseil municipal de Paris, 159 pages et plans.)

— *Rapport à propos de la désaffectation partielle du mur d'enceinte de Paris*, 1898, 48 pages.

Bulletin de la Société pour la protection des paysages de France, n° 4, 1902 ; n° 3, 1903 ; 3° année, n° 9, janvier à mars 1904 ; 5° année, n° 17 ; 15 octobre 1905, 15 janvier et 15 avril 1906.

Bureau (Ed.)............... *Conférence sur les différentes enceintes de Paris*. Sa topographie et les fortifications de 1840. Paris 1871, in-8°, 121 pages. (Petit livre écrit sûrement avant le siège de 1870, puisque l'auteur dit, page 103 : « Quant à un véritable bombardement, nous nous refusons absolument à y croire, parce qu'un ennemi, quel qu'il soit, qui ne reculerait pas devant l'emploi de moyens aussi barbares contre une capitale, contre une population de deux millions d'âmes, se couvrirait d'opprobre et serait mis au ban des nations civilisées. »)

Carte géologique de Paris et ses environs, d'après G. Dollfus (1/40000), Baudry et Cie ; Bérenger, successeur, 1900.

Chambray (marquis de)........ *De la transformation de Paris, ville ouverte, en place forte*, in-8°, 1843.

Charbonnel (Lucien-Absalon)... *Plan pour fortifier Paris*, explication de la muraille qui pourrait entourer Paris en renfermant dans son sein moitié plus de terrain qu'il n'y en a, in 8°, 1840.

Chevalier (Michel)............ *Les fortifications de Paris*, lettre à M. le comte Molé, in-8°, 1841.

Cheysson (Emile)............ *Les Cités-Jardins*. Paris, 1904.

Choumara (Th.), chef de bataillon du génie................. *Leçon de fortification* donnée à M. Arago. Paris, 1844, in-8°, 48 pages.

— *Mémoires sur les fortifications de Paris*, avec plans. 1er mémoire : Comparaison du projet de Vauban avec celui des généraux Haxo et Valazé, in-8°, 1833.

Darney....................... *Neuilly-sur-Seine.* Auxerre, 1900.

Delhomme (A.).............. *Du projet des fortifications de Paris,* in-8°, 1840.

Des Cilleuls................. *Le Domaine de la ville de Paris dans le passé et dans le présent.* Paris, 1885.

Dezamy (Th.).............. *Conséquences de l'embastillement et de la paix à tout prix.* Dépopulation de la capitale. Trahison du pouvoir, in-8°, 1840.

Dieudonné (G.), chef de bureau à la Préfecture de la Seine.... *Notice pittoresque et historique sur le bois de Boulogne.* Paris, A. Fontaine, 1855.

Dubois (Eugène)............. *Fortifications de Paris,* in-8°, 1841.

Dumas (Mathieu)............. *Observations sur les fortifications de Paris,* in-8°, 1833.
    — — *Nouvelles observations sur les fortifications de Paris,* in-8°, 1833.

Echo de Paris.............. *L'agrandissement du Bois de Boulogne,* article de M. d'Andigné, conseiller municipal, 6 sept. 1905.

Fontaine..................... *Le Livre foncier de Paris,* 1re et 2e parties. Paris, Chaix, 1900-1902.

Forestier (J.-C.-N.).......... *Grandes villes et système de Parcs.* Paris, 1906.

France de demain (La)....... *Les Espaces libres,* article de M. Robert de Souza, 20 juillet 1904.

Gasnier...................... *Nouveau système pour les fortifications de Paris. Examen critique des systèmes de forts détachés et de l'enceinte continue,* in-8°, 1833.

Génie civil.................. T. XLV, n° 16, p. 260; t. XLIV, n° 17, p. 269; t. XLVII, n° 16, p. 266; t. XLVI, n° 9, p. 129; t. XLIX, n° 7, p. 97.

Guilley (A.)................. *Opinion sur les fortifications de Paris,* in-8°, 1840.

Hénard (Eug.) .... *Etudes sur les transformations de Paris,* fascicule 3.
     Les grands espaces libres. Les Parcs et Jardins de Paris et de Londres. Paris, 1903.

Journal des Débats .... *La ville rationnelle,* article de Mme Arvède Barine, 5 septembre 1906.

Liberté (La) . . . .   *L'Avenue du Bois*, article de M. Robert de Souza, 8 août 1906.

Louis (de l'Aude) . . . .   *Paris doit-il être fortifié? Examen historique de cette question*, in-8°, 1840.

—   *Du projet de fortifier Paris ou examen d'un système général de défense, par l'auteur des Véritables principes de la défense des places*, in-8°, 1840.

Madeleine (J.) . . . .   *Considérations sur les avantages que le gouvernement trouverait à former dans Paris un établissement pour la construction d'une partie du matériel de guerre (affûts, voitures et attirails d'artillerie)*, in-8°, 1842.

Marmottan (Paul) . . . .   *Journal des Arts*, 25 juillet 1902 : *Les Espaces libres.*

Meynadier (Hippolyte) . . . .   *Paris sous le point de vue pittoresque et monumental ou éléments d'un plan général d'ensemble de ses travaux d'art et d'utilité publique*, Paris, 1849.

Monfort (le général) . . . .   *Fortifications de Paris*, in-8°, 1841.

Paixhans (A.-J.) . . . .   *Fortifications de Paris*, in-8°, 1834.

Pelet (le général) . . . .   *Sur la fortification de Paris*, in-8°, 1841.

Rabusson (A.) . . . .   *De l'agrandissement de l'enceinte des fortifications de Paris du côté de l'est, considéré avec ses rapports avec la défense de la ville et avec la défense générale du royaume*, in-8°, 1842.

Rémond (le général) . . . .   *De la défense de Paris, tant sous les rapports de la fortification que sous ceux de la stratégie et de la tactique*, in-8°, 1840.

Recueil de quelques articles publiés dans la *Sentinelle de l'Armée* sur les fortifications de Paris, 1841.

Revue du Progrès, politique, sociale et littéraire. Paris, 1840. — *De l'embastillement de Paris*, article signé Louis Blanc.

Revue municipale, 15-30 septembre 1906. J.-C.-N. Forestier. *Les parcs de jeux ou jardins de quartier dans les grandes villes*, p. 273-278.

Revue scientifique, 20 février 1892. Stéphane Leduc : *Les conditions sanitaires en France.*

Richemont (baron de) . . . .   *Paris fortifié, seule et incontestable garantie de l'indépendance de la France*. 2 édit. in-8°, 1838.

Ritter's..................... *Geographisch Statistisches Lexicon*, 1905.

Rogniat (le général vicomte).... Réponse à l'auteur de l'ouvrage intitulé : *Du projet de fortifier Paris ou examen d'un système général de défense*, in-8°, 1840.

— Réponse aux observations de M. le lieutenant général du génie, vicomte Rogniat, sur l'ouvrage intitulé : *Du projet de fortifier Paris ou examen d'un système général de défense*, in-8°, 1840.

Rogniat (le général vicomte).... A l'auteur de la réponse aux observations du général Rogniat, sur les fortifications de Paris, in-8°, 1840.

Société française des habitations à bon marché. — *Bulletin trimestriel*, 1905, n° 3, article de M. Hénard, sur les espaces libres.

Stofflet (Louis-Marin).......... Fortifications de Paris, considérées sous le point de vue militaire, in-8°, 1842.

Tascher (Paul de)............. Quelques réflexions sur les fortifications de Paris, in-8°, 1841.

Thiébault (le lieutenant-général baron). — De la défense de Paris, in-8°, 1841.

Valazé..................... Fortifications de Paris : Du système à suivre pour mettre cette capitale en état de défense, in-8°, 1833. (Extrait du *Spectateur militaire*.)

X......................... Lettre sur les fortifications de Paris, à MM. les rédacteurs en chef des journaux, in-8°, 1840.

X......................... Fortifications de Paris ; Examen d'un article publié par M. le lieutenant-général Valazé, dans la 85° livraison du *Spectateur militaire*, ayant pour titre : « Du système à suivre pour mettre cette capitale en état de défense », in-8°, 1833.

X......................... Fortifications de Paris : Examen du rapport fait à la Chambre des Députés sur les travaux de défense de Paris (extrait du *Spectateur militaire*), in-8°, 1833.

X......................... Société des droits de l'homme : Des fortifications de Paris.

X......................... Fortifications de Paris : Considérations sur la défense nationale et sur le rôle que Paris doit jouer dans cette défense, in-8°, 1833.

X......................... Sur les fortifications de Paris, in-8°, 1833.

X . . . . De la défense de Paris et de l'emploi des militaires à des travaux d'utilité publique, in-8°, 1833.

X . . . . De la fortification de Paris et de sa signification pour le présent et pour l'avenir, traduit de l'allemand (extrait de la 9ᵉ livraison du journal prussien *Zeitschrifft* de 1841), in-8°, 1842.

X . . . . Réfutation complète de l'opinion opposée au système des forts détachés sous les deux rapports militaire et politique, par l'auteur de l'ouvrage intitulé : « Du projet de fortifier Paris, ou examen d'un système général de défense », in-8°, 1842.

X . . . . Fortifications de Paris : Première note sur la nécessité de repousser ou d'ajourner le projet de loi sur les fortifications de Paris et de provoquer la formation d'une Commission nationale d'enquête sur cette question, in-8°, 1841. (24 février).

X . . . . Fortifications de Paris : Seconde note, etc., adressée à MM les Président et membres de la Commission de la Chambre des pairs, in-8°, 1841.

X . . . . Fortifications de Paris : Troisième note, in-8°, 1841.

X . . . . Un dernier mot sur la défense de Paris, d'après les principes militaires et stratégiques, in-8°, 1841.

X . . . . Fortifications de Paris : Essai sur la manière de concilier ce système avec les raisons d'opposition émises par les journaux de l'opinion publique, in-8°, 1842. Imprimerie de Bintot, à Besançon.

Zola (F.), le père du fameux Émile Zola. — Lignes stratégiques pour la défense de la capitale du royaume, du territoire français et de l'Algérie, in-4°, 1840.

Disons, en terminant, que le *Dossier des Fortifications* est déposé aux *Archives de la Seine*, boulevard Henri IV, où, par une chance inespérée — on le croyait détruit, en 1871, dans les incendies — nous avons pu le trouver et le consulter.

TABLE DES MATIÈRES

2794. — Imprimerie Municipale, Hôtel de Ville. — 1906.

ENCEINTES DE PARIS
sous Philippe-Auguste
sous Louis XIV

Portes de Paris
sous Philippe-Auguste

Rive Gauche   Rive droite

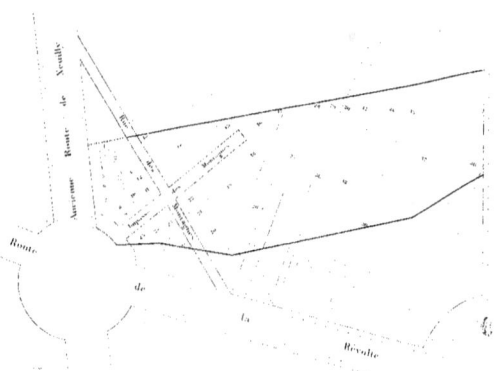

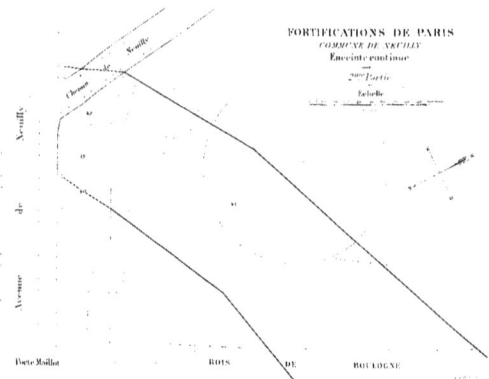

FORTIFICATIONS DE PARIS
COMMUNE DE NEUILLY
Enceinte continue

2.me Partie

Échelle

Route de Neuilly

Ancienne Route de Neuilly

Route

de

La

Revolte

Avenue de Neuilly

Porte Maillot

Chemin

de Neuilly

BOIS   DE   BOULOGNE

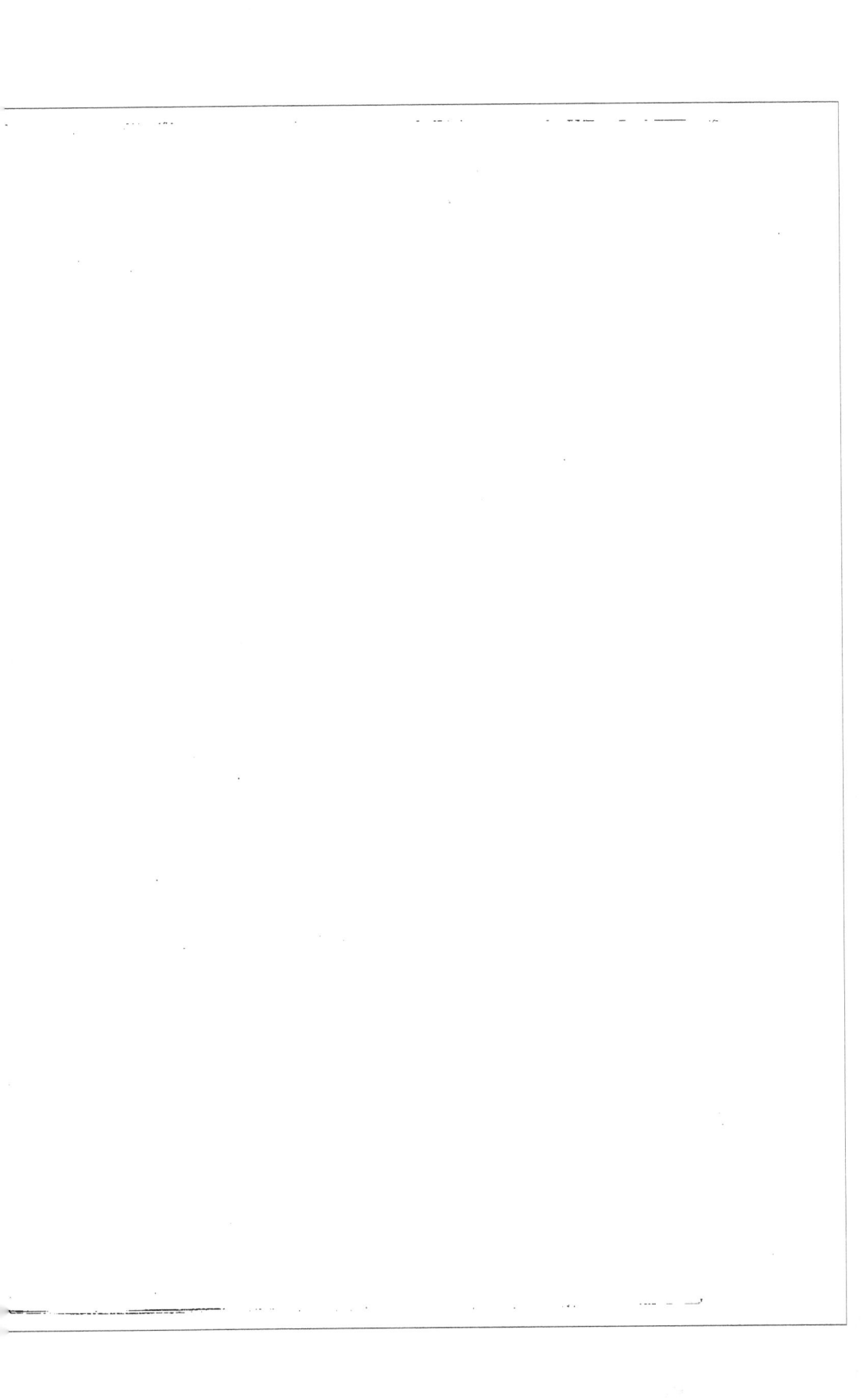

Route   de   la   Révolt.

TERRITOIRE   DE   CLOUE

VILLE
DE NEULLY

FORTIFICATIONS DE PARIS
COMMUNE DE NEUILLY
Enceinte continue
2.me Partie
Echelle

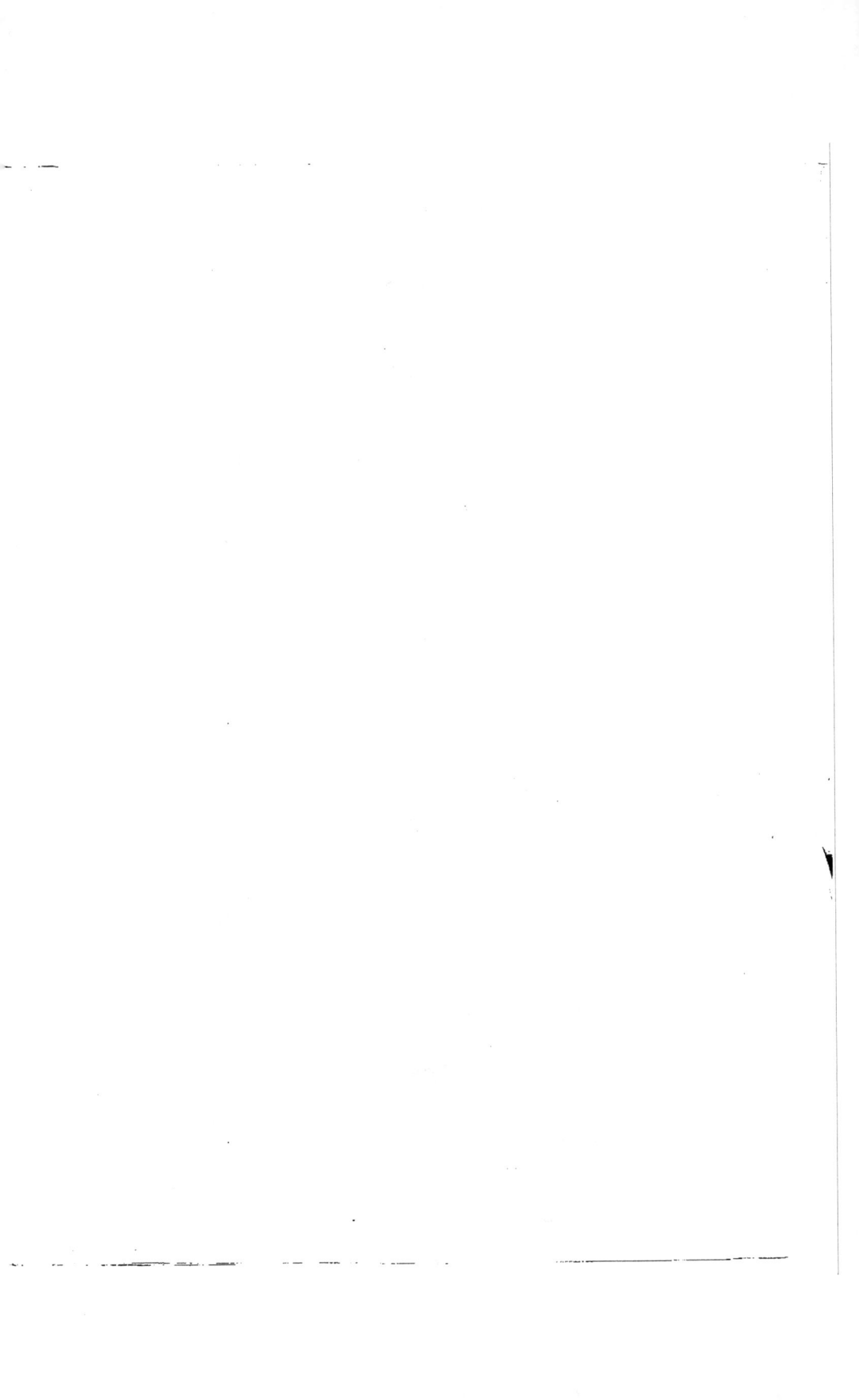

Neuilly en 1825 (Sablonville)

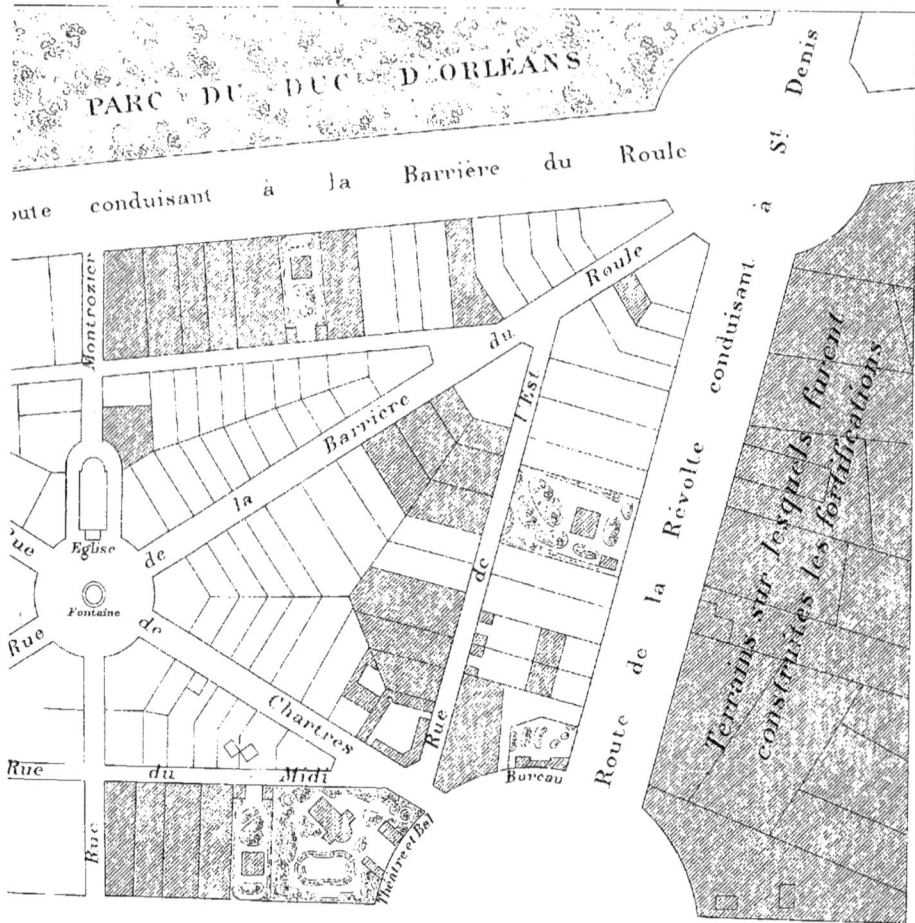

PARC DU DUC D'ORLÉANS

Route conduisant à la Barrière du Roule

à St. Denis

Montrozier

Rue du Roule

Barrière la de

Rue de l'Est

Route de la Révolte conduisant

Église

Fontaine

Rue

Rue de Chartres

Rue de

Rue

Bureau

Rue du Midi

Montreuil Bey

Terrains sur lesquels furent construites les fortifications

Nouvelle Route de Neuilly conduisant à la Barrière de l'Étoile

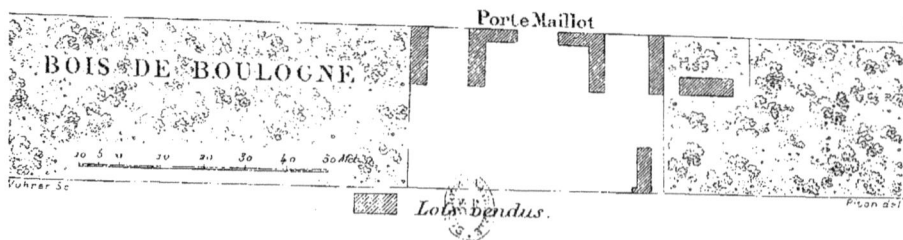

Porte Maillot

BOIS DE BOULOGNE

10 5 0   10   20   30   40   50 Mèt.

Vuhrer Sc

Pison del

Lots vendus.

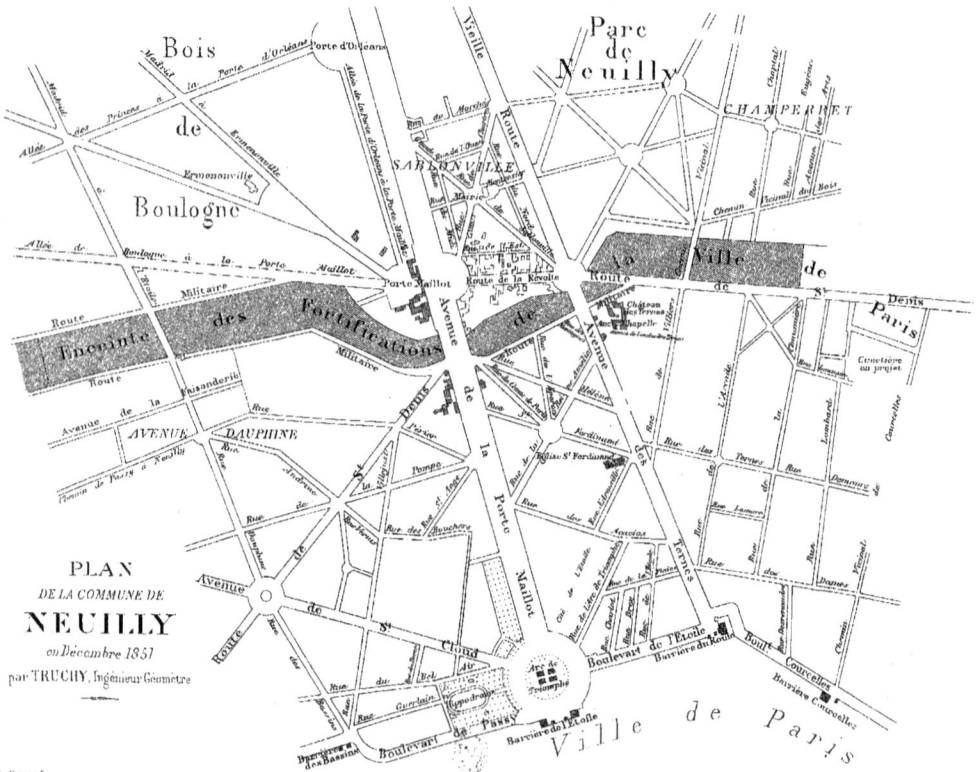

PLAN
DE LA COMMUNE DE
NEUILLY
en Décembre 1851
par TRUCHY, Ingénieur Géomètre

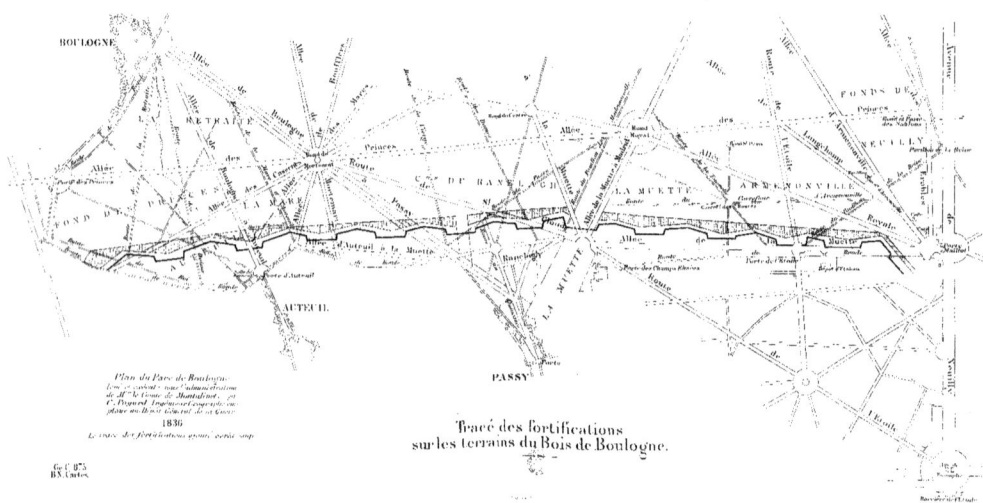

BOULOGNE

AUTEUIL

PASSY

FONDS DE

LA MUETTE

ARMENONVILLE

C.^u DE RANELAGH

Tracé des fortifications
sur les terrains du Bois de Boulogne.

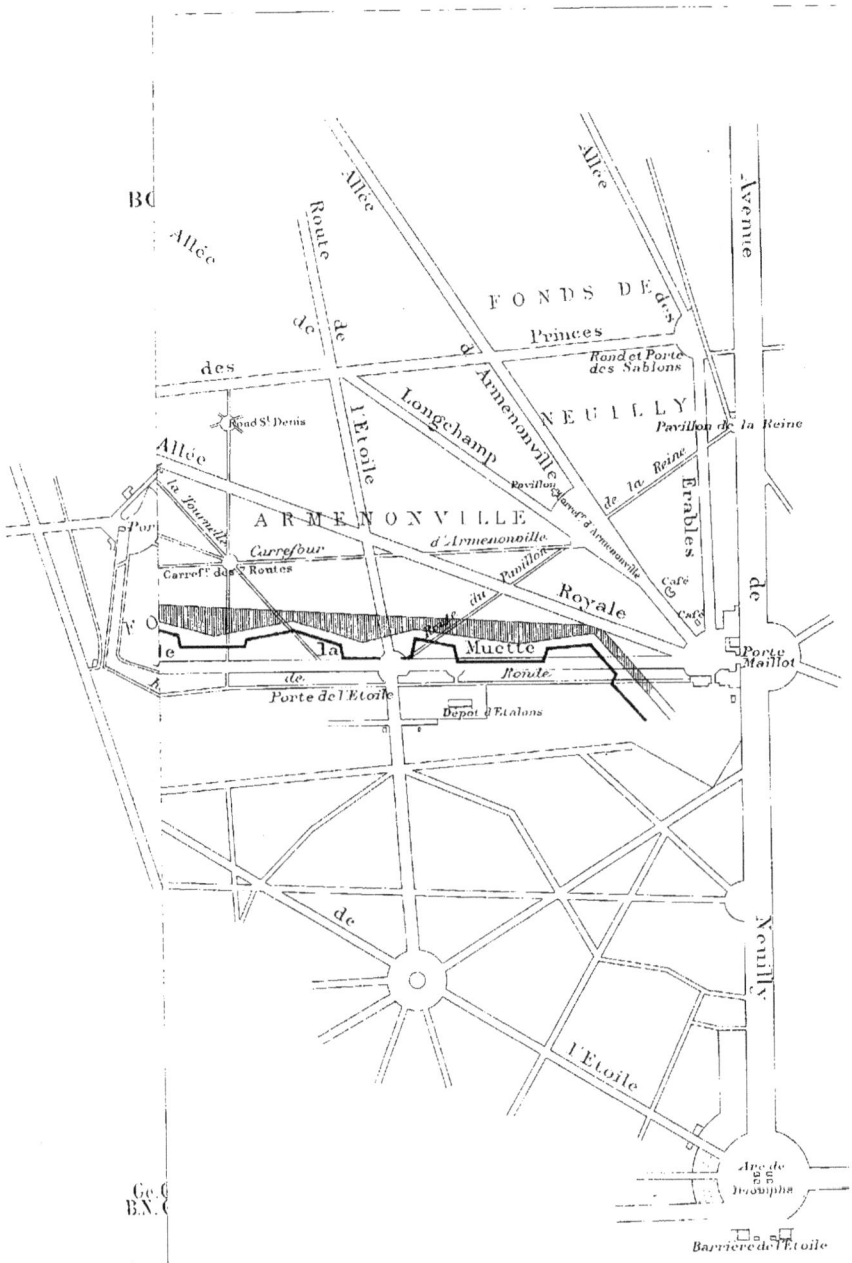

BO

Allée

Allée

Allée

Avenue

Route de l'Etoile

Allée de

FONDS DE des

Princes

Rond et Porte des Sablons

NEUILLY

Rond S.t Denis

Longchamp

d'Armenonville

Pavillon de la Reine

la Tournelle

Allée

Por

ARMENONVILLE

Carrefour

d'Armenonville

Pavillon Carrefour d'Armenonville

Erables

Carref.t des 3 Routes

du Pavillon

Café

Royale

V O

Café

Muette

la

Porte Maillot

de

le

de

Route

Porte de l'Etoile

Dépot d'Etalons

de

Neuilly

l'Etoile

Arc de Triomphe

Ge.G

B.N.

Barriere de l'Etoile

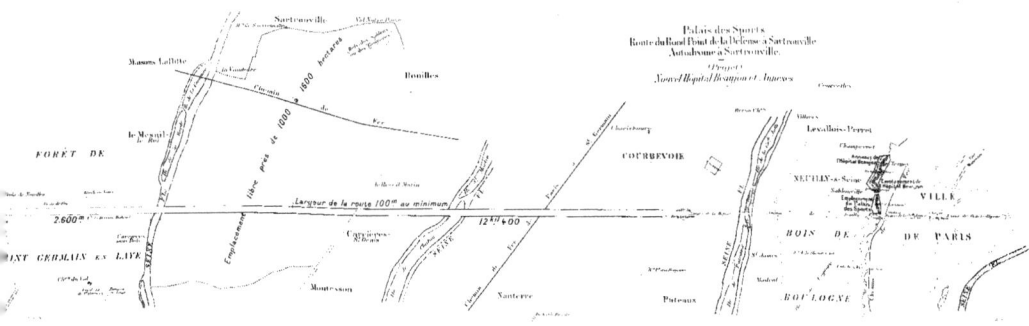

www.ingramcontent.com/pod-product-compliance
Lightning Source LLC
Chambersburg PA
CBHW070801290326
41931CB00011BA/2100